Irena Medjedović · Andreas Witzel

Wiederverwendung qualitativer Daten

Irena Medjedović · Andreas Witzel

Wiederverwendung qualitativer Daten

Archivierung und Sekundärnutzung qualitativer Interviewtranskripte

Unter Mitarbeit von Reiner Mauer und Oliver Watteler.
Mit einem Vorwort von Ekkehard Mochmann

VS VERLAG

Bibliografische Information der Deutschen Nationalbibliothek
Die Deutsche Nationalbibliothek verzeichnet diese Publikation in der
Deutschen Nationalbibliografie; detaillierte bibliografische Daten sind im Internet über
<http://dnb.d-nb.de> abrufbar.

1. Auflage 2010

Alle Rechte vorbehalten
© VS Verlag für Sozialwissenschaften | Springer Fachmedien Wiesbaden GmbH 2010

Lektorat: Frank Engelhardt

VS Verlag für Sozialwissenschaften ist eine Marke von Springer Fachmedien.
Springer Fachmedien ist Teil der Fachverlagsgruppe Springer Science+Business Media.
www.vs-verlag.de

Umschlaggestaltung: KünkelLopka Medienentwicklung, Heidelberg
Druck und buchbinderische Verarbeitung: Ten Brink, Meppel
Gedruckt auf säurefreiem und chlorfrei gebleichtem Papier

ISBN 978-3-531-15571-5

Inhalt

Vorwort

Vor 50 Jahren wurde in Europa das erste Archiv für Daten der empirischen Wirtschafts- und Sozialforschung von der Wirtschafts- und Sozialwissenschaftlichen Fakultät der Universität zu Köln gegründet. Satzungsgemäß war es interdisziplinär angelegt und der Sammlung, Aufbereitung und Bereitstellung insbesondere von Umfragen aus dem deutschsprachigen Raum gewidmet. Seine Gründung fiel in eine Zeit die nach Meinung des damaligen Präsidenten des *International Social Science Council* (ISSC), Stein Rokkan durch zwei Herausforderungen für die Sozialwissenschaften geprägt war – die eine intellektueller und die andere technischer Natur (vgl. Brosveet/Henrichsen/ Svasand 2009).

Intellektuell – so beobachteten auch der Kölner Finanzwissenschaftler Günther Schmölders und der Soziologe Erwin K. Scheuch (vgl. Karhausen 1977) – gab es in Wissenschaft und Industrie einen großen Hunger nach Daten um die vorausgegangenen, durch Dogmen und Ideologien dominierten Zeiten durch empirisch überprüfbare Evidenz als Grundlage von Entscheidungen überwinden zu können. Hinzu kam die methodologische Anforderung nach belegbaren und nachvollziehbaren statistischen Tests.

Technisch begann die Einführung des Computers in viele Lebensbereiche auch diese Arbeitsgebiete zu revolutionieren: gewohnte Wege der Bereitstellung von Information durch Bibliotheken und Informationsdienste waren nicht geeignet und darauf eingerichtet zunehmend in digitaler Form produzierte Forschungsdaten für die weitere Verwendung im Forschungsprozess zur Verfügung zu stellen. Bibliotheken sahen ihre Domaine weiterhin in der bibliographischen Erschließung und Verbreitung gedruckter Information, aber nicht in der Verarbeitung von unterschiedlichen Datenstrukturen auf Lochkarten oder gar Magnetbändern. So konnte der wachsende Datenbedarf nur durch darauf spezialisierte Einrichtungen gedeckt werden, die in enger Abstimmung mit den Primärforschern und Datenproduzenten die Methoden und Technologien für das Datenmanagement entwickelten – die Gründungsphase eines Netzes Europäischer Archive begann (siehe dazu Scheuch 1967; Klingemann/Mochmann 1975).

Die letzten Jahrzehnte zeigen ein zunehmendes Methodenbewusstsein, die Erweiterung des Instrumentariums und allmähliche Herausbildung des Verständnisses für die Schaffung einer Kultur des Data Sharing auch im Bereich der qualitativen Sozialforschung (s. Elman/Kapiszewski/Vinuela 2010). Zwar kommen weitere Beiträge in der jüngsten Publikation von „Political Science" vom Januar 2010 zu dem Ergebnis, dass Zitation und Datenlage der qualitativen Sozialforschung noch immer defizitär seien. Insbesondere wird auf das Fehlen einer spezialisierten Einrichtung für die Archivierung und Bereitstellung qualitativen Materials in USA hingewiesen und die Schaffung eines Archivs unter Orientierung an europäischen Vorbildern nachhaltig gefordert.

Das vorliegende Buch fasst die Ergebnisse einer gründlichen Erhebung, Aufarbeitung und Explikation der methodischen Voraussetzungen für qualitative Sekundäranalysen zusammen. Es geht auch auf die besondere Sensitivität und für den Datenschutz relevante Aspekte qualitativer Materialien ein und begründet systematische Datenaufbereitungs- und Dokumentationsverfahren. Anforderungen an Datenaufbereitung und Metadaten sind meist höher als im Bereich gut strukturierter quantitativer Daten. Besondere Anforderungen resultieren aus der Kontextsensitivität und häufig stark individuell geprägter Erhebungssituationen der Daten, die oft nur sehr unvollständig und kaum nachvollziehbar dokumentiert werden. Die Autoren des vorliegenden Buches haben es ausgezeichnet verstanden die Erfahrungen aus dem Bereich der quantitativen Dateninfrastruktur aufzunehmen und unter Berücksichtigung der Spezifika qualitativer Materialien und Methoden in konkrete Verfahrensvorschläge für die Sekundäranalyse umzusetzen. Das Ergebnis ihrer Arbeit spiegelt die überaus erfreuliche Zusammenarbeit zwischen dem Bremer Archiv für Lebenslaufforschung und dem Kölner Datenarchiv für Empirische Sozialforschung, aus der beide Seiten viel lernen konnten. Angesichts vielerorts noch fortbestehender Differenzen im Bereich der quantitativen und qualitativen Forschung kann diese Kooperation als modellhaft für Chancen der Kooperation im Bereich der sozialwissenschaftlichen Infrastruktur gelten. Darüber hinaus werden auf dem Hintergrund reicher Erfahrungen im Bereich der Lebenslaufforschung an der Universität Bremen exemplarisch auch die Potentiale und Grenzen sekundäranalytischer Forschung mit qualitativen Daten aufgezeigt.

Diese Arbeiten stehen im Kontext der breiten Forderung nach methodischem Rigorismus und Implementation von best practice gleichermaßen in qualitativ wie quantitativ geprägter Forschung. Die Fortschritte in der Computer-, Datenspeicher- und Netzentwicklung erschließen heute ganz neue Quellen für qualitative Forschung, da immer mehr Aufzeichnungen sozialen Handelns erfasst sind und der Zugriff auf qualitativ hochwertige Forschungsmaterialien für Replikation, erweiterte Analysen, komparative Auswertung über Zeit und Raum, Kombination mit quantitativen Daten und für Lehr- und Lernzwecke leicht zugänglich gemacht werden können.

Die Forschungsinfrastruktur für quantitative Daten hat in den vergangen Jahren in internationaler Zusammenarbeit beachtliche Fortschritte gemacht und Lösungsmöglichkeiten für den weltweiten Zugriff auf Forschungsdaten bereits realisiert. Die Kombination technischer Verfahren für den Datenzugriff und ihre Verbindung mit fortgeschrittenen Analysemethoden zwingen auch zur Auseinandersetzung mit Fortschritten in der Internetentwicklung, sowie globalen Breitbandvernetzungen und den Möglichkeiten moderner Informations- und Kommunikationstechnologien.

Diese stehen im Kontext rasanter Veränderungen im täglichen Kommunikationsverhalten. Soziale Netze im Internet, elektronische Kommunikation mit Behörden und Institutionen, digitale Aufzeichnung von Nachrichten, e-Business und neue Formen des e-Learning sind nur einige unübersehbare Beispiele für rapide Veränderungen in der Evidenzbasis der Forschung. Nach Jenkins (2001) ist die Medienkonvergenz der Beginn einer neuen wissenschaftlichen Renaissance, die alle Lebensbereiche erfasst.

Zunehmend werden Herausforderungen der technischen Realisierung von von e-Infrastrukturen und virtuellen Forschungsumgebungen genutzt, um weltweit vernetzte Research Communities zu unterstützen (Mochmann 2009). Interoperabilität von technischen Ressourcen und Datenbasen eröffnen ganz neue Chancen der intra- und transdisziplinären Verknüpfung. Damit werden eine Ausweitung der empirischen Evidenzbasis zur Lösung gesellschaftlicher Probleme und ganz neue Forschungstechniken und Einsichten ermöglicht. In virtuellen Research Communities werden Wissen und Daten der Scientific Communities über Zeit und Raum verknüpft und für kollaboratives Arbeiten verfügbar.

Mit den in diesem Band zusammengefassten Grundlagen ist die qualitative Sozialforschung in Deutschland gut auf die derzeitigen Herausforderungen vorbereitet. Entsprechende Entwicklungen gibt es in anderen Ländern. Insbesondere in England sind sie schon seit Jahren vorbildlich umgesetzt (Corti 2000). Die sich eröffnenden Forschungsmöglichkeiten und Potentiale zur Qualitätsverbesserung zeigen überdeutlich, dass der Aufbau einer Infrastruktur für die qualitative Sozialforschung überfällig ist. Bleibt zu wünschen, dass die Profession und die Wissenschaftsförderung die darin liegenden Chancen erkennen und die Aufbaubemühungen eine der Dringlichkeit und dem Potential zur nachhaltigen Verbesserung der Forschungsmöglichkeiten qualitativer Sozialforschung entsprechende angemessene Förderung erfahren.

Köln, 13.3.2010   Ekkehard Mochmann

Einleitung

Im Bereich der quantitativ orientierten Sozialwissenschaften liegen vielfältige Erfahrungen mit Re- und Sekundäranalysen vor, beispielsweise mit großen, inzwischen auch von vielen Forscherinnen und Forschern genutzten komparativen Studien, sei es im Nationen- oder im Zeitvergleich (Allbus, Eurobarometer, Values Studien, European Social Survey etc). Insbesondere das *Datenarchiv für Sozialwissenschaften der GESIS* (vormals: *Zentralarchiv für Empirische Sozialforschung*) in Köln unterstützt und fördert diese Tradition der sozialwissenschaftlichen und multidisziplinären Forschung seit mittlerweile 50 Jahren durch die Bereitstellung sekundärer Nutzungsmöglichkeiten von bereits erhobenem Datenmaterial. Für die Sekundärnutzung oft einzigartiger und reichhaltiger Daten qualitativer Studien fehlen hingegen weitgehend sowohl eine Forschungskultur, die Organisation eines nutzerorientierten Datenservices als auch die wissenschaftliche Befassung mit den Möglichkeiten und Grenzen der Wiederverwendung und Neubearbeitung von bereits erhobenen qualitativen Informationen. Diese Mängel überraschen angesichts des Bedeutungszuwachses qualitativer Methoden seit den 1970er Jahren, denn seitdem ist der Umfang der produzierten sozialwissenschaftlichen Daten gestiegen und die rasch voranschreitende Verbreitung der EDV in der Wissenschaft sowie die zunehmende Entwicklung qualitativer Analyseprogramme erleichtern zusammen mit geeigneten Service-Leistungen vielseitige Formen der Sekundärnutzung für potentielle Nutzer/innen in Forschung und Lehre.

Das *Archiv für Lebenslaufforschung* (ALLF) als „Nukleus" des geplanten *Servicezentrum für qualitative Daten* (QualiService) entstand aufgrund der Empfehlung der Deutschen Forschungsgemeinschaft (DFG) für die letzte Förderungsphase (1999-2001) des Sonderforschungsbereichs (Sfb) 186 *Statuspassagen und Risikolagen im Lebensverlauf* an der Universität Bremen mit der Intention, auch das umfangreiche qualitative Datenmaterial der einzelnen Sfb-Projekte für zukünftige Nutzer und Nutzerinnen verfügbar zu machen. Eine große Anzahl qualitativer Interviews aus verschiedenen Forschungsprojekten des Sonderforschungsbereichs – teilweise auch einmalige Längsschnittdatensätze innerhalb der Laufzeit des Sfb von 1988-2001 – zu Übergängen und Statuspassagen im Lebenslauf wurden anonymisiert, dokumentiert und digital archiviert.

Mit der Integration in die damals neu gegründete *Graduate School of Social Sciences* (GSSS) an der Universität Bremen (1.1.2002) erweiterte sich der Blickwinkel des Archivs auf die nationale und internationale Situation der Archivierung qualitativer Daten und deren Sekundärnutzung. Das Literaturstudium, internationale Tagungen und der Kontakt zum *ESDS Qualidata* des UK Data Archive an der Universität von Essex verdeutlichten die in Deutschland im Kontrast zu Großbritannien weitgehend fehlende Diskussion der qualitativen Sekundäranalyse und den damit zusammenhängenden Mangel an entsprechend verfügbaren Daten zur Wiederverwendung. ALLF zog daraus die Konsequenz, die unbefriedigende methodische und datenbezogene Versorgungslage für die Scientific Community durch einen Archivausbau zu verbessern, bei dem sich die Überlegungen zur Datenakquisition zunächst auf die am weitesten verbreiteten und – wie die Erfahrungen in Großbritannien zeigen – am häufigsten sekundär genutzten qualitativen Interviews konzentrierten.

Für die Realisierung eines solchen Archivausbaus sind Kooperationen mit erfahrenen Archiven unabdingbar. Im nationalen Bereich bot sich die Kooperation mit dem mittlerweile seit 50 Jahren bestehenden *GESIS-Datenarchiv* an, das Verfahren zur Archivierung sozialwissenschaftlicher Daten entwickelt und die Möglichkeiten der Sekundäranalyse in Forschung und Lehre bekannt gemacht hat. Wenn auch der Schwerpunkt auf der Bearbeitung quantitativer Daten lag, so wurden doch auch qualitative Materialien, soweit sie im Kontext quantitativer Untersuchungen relevant waren, mitberücksichtigt. So verfügt das Archiv heute auch über die Texte aus Antworten zu offenen Fragen, die Originalsammlung der Parteiprogramme des internationalen Comparative Party Manifestos Projektes und über Texte aus Quellen der historischen Sozialforschung. Es hat Erfahrungen mit der elektronischen Speicherung umfangreicher Textkollektionen gesammelt.

Im internationalen Zusammenhang lag es nahe, mit dem 1994 gegründeten *ESDS Qualidata* zusammenzuarbeiten, das sich seinerzeit schon auf Erfahrungen des GESIS-Datenarchivs gestützt hat und seine Verfahren für die qualitative Forschung weiterentwickelt hat. Neben der eigens durchgeführten Archivierung von Daten und des Angebots zugehöriger Datenservicedienste, hat Qualidata ein Netzwerk von Archiven zur Langzeitaufbewahrung und Wiederverwendung von unterschiedlichen qualitativen und inzwischen auch überwiegend digitalisierten Daten aufgebaut. Es nimmt dabei die Funktion eines „clearing house" ein, indem es für die Akquisition, Aufbereitung und Vermittlung der dezentral betreuten Daten zuständig ist.

Beide Institutionen unterstützen das Ausbauvorhaben von ALLF und insbesondere Louise Corti und Libby Bishop (ESDS Qualidata) sowie Ekkehard Mochmann (GESIS) ist dabei für fruchtbare und konstruktive Diskussionen zu danken.

Ein besonders enges Kooperationsverhältnis zwischen dem ALLF und dem GESIS-Datenarchiv ergab sich im Zuge der gemeinsamen Planung, Beantragung und Durchführung eines empirischen Projekts, das die wissenschaftliche Grundlage für den Aufbau eines solchen nationalen Archivs herstellt. Die dankenswerter Weise von der *Deutschen Forschungsgemeinschaft* (DFG) finanzierte *Machbarkeitsstudie zur „Archivierung und Sekundärnutzung qualitativer Interviewdaten“* hatte eine Laufzeit von zwei Jahren (2003 bis 2005, Projektteil in Köln für ein Jahr) und wurde von Karl F. Schumann und Andreas Witzel (Projektleiter), Irena Medjedović, Diane Opitz, Britta Stiefel (Projektbearbeiterinnen) im ALLF, Bremen sowie Wolfgang Jagodzinski und Ekkehard Mochmann (Projektleiter) und Reiner Mauer (Projektbearbeiter) im GESIS-Archiv, Köln durchgeführt. Es handelte sich um eine postalische Befragung von Leitern und Leiterinnen qualitativ ausgerichteter sozialwissenschaftlicher Forschungsprojekte, die sich auf Art und Umfang, Archivierungswürdigkeit und Nutzungsmöglichkeiten des von den Befragten erhobenen qualitativen Interviewdatenmaterials richtete. Eine Teilstichprobe untersuchte mit Experteninterviews weitere Detailfragen zu Befürwortungen und Einwänden gegenüber dem geplanten Archiv, zu Erfahrungen mit einer qualitativen Sekundäranalyse und zum Datenschutz. (Kurzbeschreibung des Projektes vgl. Mauer 2004; erste Ergebnisse vgl. Opitz/Mauer 2005, Medjedović 2007; ausführlich zu den Ergebnissen in Kapitel 4 im vorliegenden Buch).

Die vorliegenden organisatorischen Überlegungen und Begründungen für den Ausbau des ALLF zu einem bundesweiten *Servicezentrum für qualitative Daten* (QualiService) sind erst durch diese Studie formulierbar geworden. Wir danken insbesondere Ekkehard Mochmann (GESIS) und Karl F. Schumann (EMPAS, Universität Bremen) für wertvolle Hinweise zu diesem Buch.

In Fortführung der mit der Machbarkeitsstudie begonnenen Kooooperation mit dem GESIS-Datenarchiv konnten auch Teilaspekte, die durch die Machbarkeitsstudie zunächst als Fragen bzw. als Herausforderung für ein Servicezentrum für qualitative Daten aufgeworfen wurden, gemeinsam angegangen werden. So fanden wir in Oliver Watteler, einem u. a. in datenschutzrechtlichen Fragen erfahrenen Mitarbeiter im GESIS-Datenarchiv, eine kompetente Ansprechperson für die Frage, wie eine Archivierung und Wiederverwendung von qualitativen Forschungsdaten aus der Perspektive des Datenschutzes zu beurteilen sei. Auf diesem Wege ist eine in unseren Augen gelungene Darstellung und Lösung der datenschutzrechtlichen Gesamtproblematik entstanden, deren Ausarbeitung Oliver Watteler zu verdanken ist (Kapitel 3.2).

In den folgenden Kapiteln geht es zunächst darum, den Nutzen der Wiederverwendung von Forschungsdaten für die qualitative Sozialforschung zu beschreiben sowie andererseits die Bedingungen, die für eine solche Nutzung und insbesondere ihrer Etablierung als Data-Sharing-Kultur notwendig sind, zu klären.

Weil diese Forschungsstrategie noch relativ wenig bekannt ist, wird neben der Darstellung des Forschungsstands zur Sekundäranalyse (*Kapitel 1*) an einem eigenen Beispiel (*Kapitel 2*) gezeigt, welche Möglichkeiten Sekundäranalysen in ihrer besonderen Methodik und mit ihrem wissenschaftlichen Ertrag eröffnen.

In dieser exemplarischen Darstellung wird bereits auf einige methodologische Besonderheiten der qualitativen Sekundäranalyse Bezug genommen. *Kapitel 3* geht expliziter auf die methodologischen aber auch datenschutzrechtlichen Prämissen ein. Einwände und Bedenken methodologischer Art stehen im Fokus der Fachdiskussion zur qualitativen Sekundäranalyse, weswegen sie auf der Grundlage der entsprechenden Literatur skizziert werden. Die datenschutzrechtliche Frage der Archivierung qualitativer Daten wird erstmals in Form eines prozessorientierten Modells besprochen, das sich an den Phasen von der Datenerhebung bis zur Sekundärnutzung orientiert, und bietet eine Entscheidungshilfe für einen möglichen Archivierungsablauf. Die Darstellung der aktuellen internationalen und nationalen Archivsituation rundet das Kapitel hinsichtlich der Bedingungen für ein Data Sharing ab, da Sekundäranalysen den Zugriff auf vorhandene Forschungsdaten unterstellen. Während international, vor allem in Großbritannien eine Kultur der qualitativen Sekundäranalyse insbesondere durch das ESDS Qualidata gefördert wird, besteht in Deutschland ein großer Nachholbedarf.

Um die beschriebene Mangelsituation in Deutschland zu belegen und konstruktive Lösungen und Perspektiven zu entwickeln, werden die Befunde der Machbarkeitsstudie (*Kapitel 4*) vorgestellt. Aus den Befunden dieser bundesweiten empirischen Studie werden Schlussfolgerungen für ein umfängliches und detailliertes Konzept des geplanten Servicezentrums für qualitative Daten (QualiService) für Geber/innen und Nutzer/innen von unterschiedlichen qualitativen Daten abgeleitet (*Kapitel 5*).

1   Potenziale der Wiederverwendung qualitativer Forschungsdaten

Qualitative Daten stellen eine reichhaltige Quelle von Forschungsmaterial dar, die jedoch häufig unausgeschöpft bleibt. In einer Zeit, in der Forschungsgelder und –resourcen knapper werden, dürfte dieses Phänomen zunehmen, da Forschungsergebnisse in kürzerer Zeit und/oder mit geringerem Personaleinsatz generiert werden müssen. Gerade unter solchen eingeschränkten Bedingungen steigt die Bedeutung, Sekundäranalysen durchführen zu können, beispielsweise wenn es sich um seltene Ereignisse, schwer zugängliche Populationen oder Primärdaten aus einschlägigen – und immer noch selten durchgeführten – qualitativen Längsschnittstudien handelt. Auf vorhandene Daten zurückgreifen zu können, nimmt zudem Rücksicht auf Befragte, insbesondere wenn es sich um sensible Forschungsthemen und besonders vulnerable Populationen handelt, die so vor einer Überbefragung geschont werden (Fielding 2000; Szabo/Strang 1997). Neben diesen forschungsökonomischen und –ethischen Vorteilen birgt die erneute Nutzung empirischer Daten in vielerlei Hinsicht Potenzial für die Theorie- und Methodenentwicklung.

1.1   Leistungen für Theorie- und Wissensproduktion

Neue Fragestellungen und Perspektiven
Die Anwendung neuer theoretischer Gesichtspunkte oder veränderter Forschungsperspektiven auf „alte" Daten kann neue Erkenntnisse und Theorien generieren. So zeigen Medjedović und Witzel (2005) am Beispiel biographischer Interviewdaten einer Längsschnittstudie, wie es gelingt, mit der Untersuchung bereits existenter Daten ein theoretisches Konzept zu prüfen, welches in der Originalforschungsarbeit nicht zentral war.

Ein weiterer Vorteil von Sekundäranalysen liegt darin, dass sie die Sichtung der Daten mit einer Distanz ermöglichen, welche die in die eigene Forschung persönlich verstrickten Primärforschenden nur schwierig erreichen (Burstein

1978; Szabo/Strang 1997; Thorne 1994). Durch die Einnahme einer Außenperspektive können weitergehende Aspekte aufgedeckt werden, die zunächst nicht gesehen wurden. Dies gilt nicht nur, wenn neue oder ergänzende Fragen an die Daten gestellt werden, sondern besonders für sogenannte Re-Analysen, die die Daten einer erneuten Analyse unter der gleichen Fragestellung unterziehen (vgl. empirische Beispiele: z. B. Gläser/Laudel 2000; Fielding/Fielding 2000; Savage 2005; König 1997).

Probleme komparativ untersuchen: interkulturelle und transnationale
Vergleiche
Ein besonderes Potenzial der Sekundäranalyse ergibt sich aus der Möglichkeit, Daten mehrerer Studien zusammenzuführen. Diese Analysen multipler Datensätze werden eingesetzt, um über die Datensätze hinweg gemeinsame (zusätzliche Evidenz, auch: *cross-validation*, Thorne 1994) und/oder divergierende Themen (Ergänzungsfunktion) zu untersuchen. Vergleichsanalysen (historisch, geografisch, kulturell, national) in größerem Maßstab werden möglich, die ansonsten nur unter hohem finanziellem und organisatorischem Aufwand zustande kämen.

In der quantitativen Forschungstradition erhält die Sekundäranalyse zunehmend ihre Relevanz im Bereich international vergleichender Forschung (Hakim 1982; Schnell/Hill/Esser 2005; Wienold 2007). Europäisch und international koordinierte Survey-Programme zur Beobachtung gesellschaftlicher und politischer Entwicklungen – wie Eurobarometer, das International Social Suvey Programme (ISSP), das European und das World Value Survey – sind dauerhaft angelegt und bei den entsprechenden Institutionen für die sozialwissenschaftliche Nutzung (in Deutschland beim GESIS-Datenarchiv) bereitgestellt. In der qualitativen Forschung sind hingegen kaum Forschungsunternehmungen bekannt, die auf vergleichbarem Niveau transkulturelle bzw. -nationale Vergleiche unternahmen. Die hier wenigen Beispiele kommen in der Regel auf informellen Wegen, durch quasi zufällige Begegnungen von Forscher/innen, die zu ähnlichen Forschungsthemen arbeiten, zustande (vgl. Heaton 2004: 48 f.).

Wandel verstehen: Untersuchung von Langzeitphänomenen
Mit dem Vergleich von Datensätzen, die zu verschiedenen Zeitpunkten erhoben wurden, kann Wissen über allgemeine Prozesse und Strukturen des sozialen und psychologischen Wandels (von Individuen und Gruppen/Gesellschaften) akkumuliert werden. Eine Untersuchung von „trends over time" kann dabei auf verschiedenen Wegen stattfinden: über die Nutzung von Längsschnittstudien, von

sukzessiven Querschnittstudien, die Zusammenlegung verschiedener Datensätze sowie die Kombination von Sekundäranalyse und neuer Erhebung (Dale/Arber/ Procter 1988).

Im Unterschied zur weit verbreiteten Nutzung der Methode des Zeitvergleichs für die Analyse von Trends im quantitativ orientierten Zweig der Sekundäranalyse sind entsprechende Versuche mit qualitativen Daten eher selten. Eine Pilotstudie stellt daher die Analyse von Mike Savage (2008) dar, in der er den Wandel sozialer Klassenidentitäten im Nachkriegs-Britannien mithilfe von qualitativen Daten der „Mass-Observation"-Direktiven aus zwei Zeitperioden (1948 und 1990) untersuchte.

Ein frühes Beispiel für eine Sekundäranalyse einer *methodenkombinierten Längsschnittstudie* ist Glen H. Elders „Children of the Great Depression" von 1974 (vgl. auch Elder/Pavalko/Clipp 1993), mit der er wesentlich zur Begründung der Lebenslaufforschung beitrug.

Auch aus Momentaufnahmen lassen sich im Nachhinein Längsschnittstudien konstruieren. In Fällen, in denen noch die Adressen des Samples der Primärstudie existieren, bietet sich die Möglichkeit, die Teilnehmer/innen erneut aufzusuchen und zu befragen. Das US-amerikanische Murray-Archiv verweist auf mehrere auf diese Weise entstandene *Follow-up-Studien* (James/Sørensen 2000).

Theorieentwicklung und Verallgemeinerung
Die Zusammenlegung von Datensätzen kann auch dazu dienen, eine spezifische Untersuchungsgruppe zu vergrößern oder zu ergänzen, um verallgemeinerbare Theorien zu generieren (*erweitertes Sampling* nach Thorne 1994). Fielding (2004: 98) sieht hierin das Potenzial mithilfe der Sekundäranalyse, einen gegenüber der qualitativen Forschung am häufigsten geäußerten Einwände zu überwinden: den Mangel an kumulativem Charakter und Verallgemeinerbarkeit ihrer Erkenntnisse. Aber auch ohne größere Datengrundlage erlaubt der gezielte Vergleich verschiedener Datensätze, theoretische Konzepte und Hypothesen zu prüfen und etwa durch die Übertragung aus einer sozialen Gruppe oder einem Handlungskontext auf eine(n) andere(n), weiterzuentwickeln (vgl. beispielhaft Janneck 2008). Ein Einblick in eine Sekundäranalyse, die das kumulative und das vergleichende Element verbindet, wird der Leserin bzw. dem Leser in Kapitel 2 geboten.

1.2 Leistungen für Forschungsdesign und Methoden

Die Betrachtung des gleichen Datensatzes durch mehrere Forschende (mit jeweils eigenen theoretisch-methodologischen Ansätzen) kann nicht nur zu einem Erkenntniszuwachs über den untersuchten Gegenstand beitragen, indem sich die verschiedenen Blickwinkel gegenseitig ergänzen. Als methodologisches Instrument eingesetzt ermöglicht diese Vorgehensweise, die gemeinsamen Grundlagen und Differenzen der verschiedenen Ansätze genauer auszuloten und eine Methodenentwicklung voranzutreiben (vgl. beispielhaft Van den Berg/Wetherell/Houtkoop-Steenstra 2003).

Ferner können Sekundäranalysen ein nützlicher Ausgangspunkt für eigene Forschung sein. In der quantitativen Forschung ist es bereits üblich, klassische Studien gezielt heranzuziehen, um bei der Formulierung des eigenen Forschungsproblems, der Planung des konkreten Forschungsdesigns und der Wahl der Methoden behilflich zu sein (Hinds/Vogel/Clark-Steffen 1997). Nicht nur für Forschungsnovizen kann das Studieren der Interviewleitfäden und -transkripte, Feldnotizen oder Memos aus der Interpretationsphase als wertvoller Ideengeber *(„path finder")* dienen (Sherindan 2000; Thompson 2000).

1.3 Leistungen für Lehre und Ausbildung

Ein weiterer wichtiger Aspekt ist die Nutzung von archivierten Forschungsdaten in der akademischen Lehre (Corti/Bishop 2005, Klingemann/Mochmann 1975). In der Methodenausbildung verhilft die Einbeziehung von Originaldaten empirischer Studien zu einem besseren Verständnis der zentralen Aspekte des Forschungsprozesses. Mit Hilfe des nachvollziehenden Lernens werden die theoretischen und methodologischen Überlegungen und ihre Umsetzung in konkrete Fragestellungen und die methodische Gestaltung des Forschungsprozesses verdeutlicht. Studierende können einerseits Techniken anschaulich kennenlernen und einüben und andererseits die Theoriebildung entlang des empirischen Originalmaterials kritisch nachvollziehen.

Ein innovatives Konzept der Nutzung archivierter Daten in der qualitativen Methodenlehre beschreibt Stiefel (2007). Hierin stellt sie das Konzept und Evaluationsergebnisse eines Lehr-Lernmodells vor, welches das *Archiv für Lebenslaufforschung* für die Nutzung archivierter Interviewdaten in der qualitativen Methodenausbildung entwickelte. Das Pilotmodell, dessen inhaltlicher Schwerpunkt auf der Auswertungsmethode des problemzentrierten Interviews liegt, orientiert sich am Konzept des Blended Learning (Verknüpfung von telemedialen Lernformen mit Präsenzlehre in einem lernerzentrierten Lehr-Lern-Arrangement). Die Erprobung und Evaluation in der Lehr-Lernpraxis erfolgte im Rahmen einer Pilotveranstaltung des mobileCampus-Projekts im Studiengang Psychologie der Universität Bremen.

Die Nutzung von archivierten Daten in der Lehre stellt darüber hinaus einen Mehrwert dar, da sie den Vergleich unterschiedlicher methodischer Ansätze und Verfahren ermöglicht. Wenn Lehrende eigenes Datenmaterial aus Forschungsprojekten in der Lehre einsetzen, ist dies aufgrund der Spezialisierungen der Forschungsinstitutionen in der Regel auf einzelne Erhebungs- und Auswertungsverfahren beschränkt. Demgegenüber bietet der größere und methodisch differenzierte Datenbestand eines professionellen Datenarchivs eher die Voraussetzungen für eine erweiterte praxisbezogene Methodenausbildung. Durch die Darstellungs- und Vergleichsmöglichkeiten wird somit ein erweiterter Methodenkanon gefördert.

In Fällen, in denen die materiellen Möglichkeiten begrenzt sind, bietet die Sekundäranalyse die Chance wissenschaftlich zu arbeiten, ohne eigens Daten erheben und die damit verbundenen Kosten aufbringen zu müssen. Gerade Qualifikantinnen und Qualifikanten sehen sich häufig in einer ähnlichen Lage, sodass ihnen die Sekundäranalyse das Potenzial eröffnet, zum einen über den Zugriff auf qualitativ hochwertige und umfangreiche Datensätze, zum anderen durch das stärkere Fokussieren der eigenen Gedanken auf die theoretischen Ziele und grundlegenden Gegenstände der Studie (statt auf die praktischen und methodologischen Probleme einer neuen Datenerhebung) (Hakim 1982), wissenschaftliche Analysen auf einem sonst kaum erreichbaren hohen Niveau durchzuführen.

1.4   Leistungen für Forschungstransparenz und Qualitätssicherung

In der wissenschaftlichen Fachöffentlichkeit wird seit einigen Jahren verstärkt die Transparenz empirischer Wissenschaft durch Dokumentation von Forschungsprozessen und Rückgriffsmöglichkeiten auf Originaldaten gefordert, um wissenschaftliche Aussagen überprüfen zu können (DFG 1998, Wild/Beck 1998, Kaase 1998, Wagner 1999, Jagodzinski 2001, Mochmann 2002a). Um der Fälschung von Daten und Auswertungsergebnissen vorzubeugen, sollten Daten an Dritte herausgegeben werden, wenn diese ein begründetes fachliches Interesse an ihrer Re-Analyse nachweisen können. In der DFG-Denkschrift zur „Sicherung guter wissenschaftlicher Praxis" (DFG 1998) werden in diesem Zusammenhang folgende Gesichtspunkte deutlich:

Zum einen bietet der organisierte Zugang zu den Daten, d. h. die Hinterlegung der Daten „bei einer unabhängigen Stelle" (die wir als Anregung für ein Archiv, das optimale Servicebedingungen für eine professionelle Aufbewahrung und Nutzung bietet, interpretieren)[1] als Voraussetzung für Re-Analysen durch Dritte die Möglichkeit, wissenschaftlichen Irrtümern und Fälschungen[2] zu begegnen.

> Jede Veröffentlichung, die auf Experimenten oder numerischen Simulationen beruht, enthält obligatorisch einen Abschnitt „Materialien und Methoden", der diese Aufzeichnungen so zusammenfaßt, daß die Arbeiten an anderem Ort nachvollzogen werden können. Wiederum gilt Ähnliches in der Sozialforschung mit der Maßgabe, daß es immer mehr üblich wird, die Primärdaten nach Abschluß ihrer Auswertung durch die Gruppe, die die Erhebung verantwortet, bei einer unabhängigen Stelle zu hinterlegen. (Dies., Empfehlung Nr. 7).

Zum anderen ist eine systematische Aufbereitung und Beschreibung der Daten nicht nur die Voraussetzung für deren Wiederverwendung, sondern dient der Qualitätssicherung oder dem „best practice" der Primärforschung selbst, indem die Wissenschaftlergruppe in ihrer Forschungsarbeit an unterschiedlichen Orten oder – wie man hinzufügen kann – auch nach einem Wechsel von Mitarbeitern bzw. Mitarbeiterinnen und/oder im Falle von Panelstudien[3] jederzeit auf alle Originaldaten und die dazugehörigen Beschreibungen des Forschungsprozesses zugreifen können.

> Auf die Aufzeichnungen später zurückgreifen zu können, ist schon aus Gründen der Arbeitsökonomie in einer Gruppe ein zwingendes Gebot. Noch wichtiger wird dies, wenn veröffentlichte Resultate von anderen angezweifelt werden. (ebenda)

---

1   Diese Interpretation wird durch die später von der DFG (2009) herausgegebenen „Empfehlungen zur gesicherten Aufbewahrung und Bereitstellung digitaler Forschungsprimärdaten" gestützt.

2   Amerikanische Fachzeitschriften bleiben nicht auf der Ebene des freiwilligen Befolgens von Empfehlungen stehen. Sie akzeptieren Beiträge im Bereich der Sozial- und Wirtschaftswissenschaften in der Regel nur, wenn die ihnen zugrunde liegenden Daten für Re-Analysen zur Verfügung stehen (Wagner 2000: 81).

3   Das Symposium „Langfrist-Panels in der Lebenslaufforschung. Innovationschancen und Erfordernisse langfristiger Forschungsperspektiven" (28./29. März 2003, Institut für angewandte Sozialforschung, Universität zu Köln) befasste sich beispielsweise ausführlich mit Problemen geeigneter Datendokumentationen, die zum einen Austauschmöglichkeiten des wissenschaftlichen Personals der Primärstudie ohne wesentlichen Informationsverlust gewährleisten und zum anderen entscheidende Voraussetzungen für Sekundäranalysen abgeschlossener Langzeit-Panels darstellen.

Die Nützlichkeit eines Datenmanagements ist als Anregung und Kooperations-grundlage für die Primärforscher/innen gut vermittelbar. Dessen Vorteile kön-nen überzeugen, die Vorbereitung der Daten für die Übergabe an das Archiv nicht als forschungsfremde Mehrarbeit zu betrachten und damit gleichzeitig zu einer sparsamen Verwendung von Archivressourcen beizutragen.

Durch Re-Analysen können empirische Befunde geprüft und die Adäquatheit der angewandten Erhebungs- und Auswertungsmethoden ermittelt werden. Kritische Stimmen verweisen allerdings auf Probleme, den gesamten Kontext einer Studie sowie die Komplexität und Zufälligkeiten des Forschungsprozesses zu rekonstruieren (vgl. hierzu Kapitel 3.1).

2 Ein empirisches Beispiel: Die Studie „Berufsfindung und Berufsberatung"

Dieses Kapitel dient einem differenzierteren Einblick in die Strategie der Sekundäranalyse auf der Grundlage eigener empirischer Erfahrungen. Im Mittelpunkt steht eine zunächst unveröffentlicht gebliebene qualitative Sekundäranalyse[4] aus den 80er Jahren, die sich mit der Übergangsforschung von der Schule in den Beruf als Teil einer Biografie- oder besser Lebenslaufforschung befasst. Sie entstand in einer Zeit, in der selbst die qualitative Primärforschung in den Sozialwissenschaften noch in den Anfängen des Neubeginns verhaftet und eine Sekundäranalyse qualitativer Daten ganz und gar unbekannt war. Auch gab es zu diesem Zeitpunkt nur spärliche Literatur zur quantitativen Sekundäranalyse[5], sodass sich eine doppelte Zielsetzung des Projekts ergab: Vor und während der Auseinandersetzung mit den eigentlichen thematischen Fragestellungen mussten überhaupt erst die methodologischen Voraussetzungen und konkreten Vorgehensweisen dieser innovativen Forschungsstrategie aufgrund fehlender theoretischer Grundlagen und empirischer Vorbilder erarbeitet und dokumentiert werden. Dieser Umstand bietet im Nachhinein den Vorteil eines exemplarischen Einblickes in die Forschungswerkstatt der Studie, der von uns genutzt wird, die damaligen methodischen Erfahrungen aus heutiger Sicht nachzuvollziehen und begrifflich zu erfassen. Für den Leser ergibt sich zudem die Möglichkeit, in Ergänzung zu den folgenden Ausführungen auf die frei zugängliche Internetveröffentlichung der Studie zurückgreifen zu können (Heinz/Wachtveitl/Witzel 1986 und 1987, im Folgenden zitiert als Teil 1 bzw. Teil 2), die nicht nur eine Darlegung der thematischen Fragestellung und ihrer Ergebnisse enthält, sondern weit über den üblichem Umfang einer Forschungsdokumentation hinausgehend einen Einblick in die methodischen Grundlagen und Erfahrungen vermittelt. Das

---

4   Es handelt sich um die DFG-finanzierte Studie (1984-1986) „Berufsfindung und Berufsberatung" an der Universität Bremen (Projektleitung Prof. Dr. W. R. Heinz), an der einer der beiden Autoren des vorliegenden Buches, Andreas Witzel, beteiligt war. Siehe Wachtveitl/Witzel 1985 und den Bericht in zwei Teilen: Heinz/Wachtveitl/Witzel 1986 und 1987.

5   Erst Anfang der 70er Jahre wurde die klassische Monografie von Hyman publiziert.

vorliegende Kapitel bemüht sich, die Ausführungen aus heutiger Sicht neu zu systematisieren und z. T. mit aktuelleren Begriffen zu ergänzen, um so in die grundlegenden methodischen Überlegungen und das Design der Sekundäranalyse einzuführen, die zu den ausführlich dargestellten Befunden in Teil 2 geführt haben.

Die Sekundärstudie knüpft an früher entwickelte theoretische Grundlagen und erzielte empirische Ergebnisse einer eigenen qualitativen Längsschnittuntersuchung (Panelstudie) zum Verlauf der Berufsfindung von Schülern und Schülerinnen (Haupt- und Realschulen) bis in die Einmündung in die duale Ausbildung und unterschiedliche schulische und berufliche Übergangsmaßnahmen[6] an. Der dort entwickelte theoretische Ansatz der Sozialisation für die berufliche Arbeit formuliert den Prozess der Berufsfindung jugendlicher Akteure als deren lebenspraktische Auseinandersetzung mit den gesellschaftlichen Lebensverhältnissen, den gegebenen individuellen Ressourcen und vorgefundenen Bedingungen in Beruf und Arbeit. Weil die entwickelten beruflichen Entwürfe das Ziel haben, eine subjektiv akzeptable Übereinstimmung von Berufs- und Lebensinteressen und beruflichen Anforderungen zu erreichen, spielt die gedankliche Verarbeitung der Erfahrungen und Handlungsresultate im Berufsfindungsprozess eine große Rolle. Dieser Prozess der „Optionslogik" (Heinz/Krüger/Rettke/Wachtveitl/Witzel 1985: 61 ff.; in der erweiterten Form siehe Teil 1: 39 ff.) nimmt seinen Ausgangspunkt in der Chancenzuweisung durch die Schullaufbahn, integriert die biografischen Erfahrungen mit den Wendepunkten und Bedingungen der Berufsfindung und findet sein vorläufiges Ende in der Ausbildungs- bzw. Berufseinmündung mit den Deutungsmustern der Handlungsresultate[7].

Die Befunde der Bremer Studie zeigen, dass die Berufsberatung und Lehrstellenvermittlung des Arbeitsamtes, dem Vorläufer der Bundesagentur für Arbeit, bei den Jugendlichen zwar eine bedeutende Rolle spielen, aber je nach

---

6   W. R. Heinz/H. Müller-Krüger/U. Rettke/E. Wachtveitl/A. Witzel (Universität Bremen): „Berufsfindung und Arbeitsmarkt. Entwicklung von Berufsvorstellungen und Berufsentscheidungen im Prozess der Eingliederung von Jugendlichen in den Arbeitsmarkt" (gefördert vom Bundesministerium für Bildung und Wissenschaft sowie der Universität Bremen, 1978-1983).

7   Diese Übergangsforschung mit der Orientierung am theoretischen Konzept der Selbstsozialisation (Heinz/Witzel 1995, Heinz 2002), an der Prozesshaftigkeit und dem Kontextcharakter beruflicher Sozialisation sowie am entsprechenden Untersuchungsdesign der Längsschnittstudie wurde im Rahmen des Bremer Sonderforschungsbereiches (Sfb 186) der DFG, „Statuspassagen und Risikolagen im Lebensverlauf" (1988-2001), im Projekt „Statuspassagen in die Erwerbsarbeit" (Überblicksartikel: Heinz/Kelle/Witzel/Zinn 1998; Witzel/Kühn 1999) auf die Phase der Berufeinmündung von Absolventen der dualen Ausbildung erweitert.

Berufsfindungsverlauf unterschiedlich wahrgenommen, einbezogen und beurteilt werden. Aufgrund der Fokussierung der Analyse auf den Gesamtprozess der beruflichen Lebensplanung und Berufssuche fehlte eine Detailanalyse der Akzeptanz/Nichtakzeptanz der Arbeitsamtangebote und -maßnahmen im Zusammenhang der Optionslogik des Berufsfindungsprozesses. Dieser Prozess mit der eingebetteten Arbeitsamtthematik bildet „eine Art Schnittpunkt von beruflichen Interessen und durch Schule sowie Arbeitsmarkt vorgegebenen Handlungsalternativen" (Teil 1: 118). Nur in Ansätzen gab es subjektbezogene Analysen des gesamten Maßnahmenbündels des Arbeitsamtes, obwohl dessen Erfolg und die Effektivität entscheidend von der Inanspruchnahme und Befolgung von Ratschlägen sowie der Nutzung der Ausbildungsstellenvermittlung durch die Jugendlichen abhängen.

Zunächst lag daher die Durchführung einer *vertiefenden Sekundäranalyse* des Bremer Projekts nahe, d. h. einer Detailanalyse von bereits vorliegenden Daten zur Berufsberatungsthematik, die im Primärprojekt lediglich einen untergeordneten Stellenwert im Rahmen berufsbiographischer Forschungsfragen besaß. Die Personalidentität der Sekundärforscher mit einem Teil des Teams der Primärforscher sicherte die Vorteile einer Sekundäranalyse mit eigenen Daten: die detaillierte Kenntnis des gesamten Forschungsprozesses und der Aussagekraft der Daten sowie die Vertrautheit mit den theoretischen Grundlagen, aber auch den Interviewkontexten aufgrund der Beteiligung an der Erhebung und Auswertung. Die Autoren der Studie konnten aus eigenen Erfahrungen mit den Daten und Befunden die Möglichkeiten ergänzender Analysen über die originären Fragestellungen hinaus erkennen und eine theoretische Sicherheit über die Relevanz der sekundäranalytischen Fragestellung gewinnen. Der Längsschnittansatz der Primärstudie eröffnete die Möglichkeit, das Berufsberatungsthema im Kontext des Gesamtprozesses der Berufsfindung entlang der einzelnen Etappen und unter den jeweiligen gesellschaftlichen Gelegenheitsstrukturen zu analysieren[8]. Dabei wurden drei Hauptziele der Untersuchung verfolgt:

1. Die Bedeutung der Berufsberatung und -lenkung des Arbeitsamtes im Gesamtprozess der Berufsfindung von Schülern und Schülerinnen (Haupt- und Realschulen), insbesondere im Verhältnis zu anderen Informations- und Vermittlungsinstanzen beim Übergang in das Erwerbssystem (Verwandte, Freunde, „Beziehungen", Medien).

---

8   Weitere nützliche Bedingungen und Prüfsteine für eine sekundäranalytische Nutzung von Primärdaten siehe Medjedović/Witzel (2005: 78).

2. Die Differenzen der Sichtweisen von Arbeitsamt und Jugendlichen über deren Erwartungen und über Funktionen und Nutzen der Beratung und Vermittlung.

3. Die Einflüsse quantitativer und qualitativer Verschiebungen im Verhältnis von Bildungs- und Beschäftigungssystem auf die Orientierungen von Jugendlichen gegenüber Maßnahmen des Arbeitsamtes.

Von Anfang an wurde der Plan verfolgt, die Datengrundlage des Bremer Projektes um diejenige weiterer Studien zu ergänzen[9]. Zum einen zielte die Ausweitung der Stichprobe auf die Erhöhung der Aussagefähigkeit der Daten. Damit sollte die Sekundäranalyse kritische Einwände gegenüber der im Vergleich zu quantitativen Erhebungen zahlenmäßig eher geringeren Datengrundlage in qualitativen Befragungen kompensieren. Zum anderen sollten zusätzliche Daten eine Differenzierung von unterschiedlichen Merkmalen der Befragten (Beruf, Geschlecht, schulisches Qualifikationsniveau), regionalen Bezügen (Ausbildungs- und Arbeitsmarktchancen, sozialökologische Merkmale) und Übergangsmaßnahmen gewährleisten. Damit wurde die *vertiefende* mit einer *vergleichenden* Form der Sekundäranalyse kombiniert. Die erste Variante nennt Heaton (2004) „supplementary analysis", die zweite „amplified analysis".

Es galt zunächst, für diese sekundäranalytische Vorgehensweise ein Konzept zu entwickeln, weitere thematisch relevante Jugendstudien zu finden, die Nützlichkeit von deren Einbeziehung zu prüfen und die Projektleiter/innen und -mitarbeiter/innen der jeweiligen Studien[10] zu überzeugen, ihre Daten für eine Nachnutzung zur Verfügung zu stellen. Die Absicht, diese weiteren Studien für Vergleichszwecke heranzuziehen, ergab das Problem, die für eine qualitative Vorgehensweise vergleichsweise große Datenmenge von n=705 Befragten (z. T. Mehrfachinterviews) in den Griff zu bekommen, u. zw. ohne die Hilfe der com-

---

9   W. Kruse/G. Kühnlein/U. Müller (Sozialforschungsstelle Dortmund): „Zum Zusammenhang von Lebenspraxis und Lebensperspektive von gewerblich-technischen Auszubildenden in industriellen Großbetrieben" (Eigenprojekt, 1976-1980); W. Beekhuis/R. Friebel-Beyer/H. Friebel/S. Toth (Universität Hamburg): „Soziale Determinanten der Weiterbildungsmotivation Jugendlicher" (gefördert vom Bundesministerium für Bildung und Wissenschaft, 1979-1986); S. Hübner-Funk/H. U. Müller/W. Gaiser (Deutsches Jugendinstitut, München): „Sozialisation und Umwelt. Berufliche Orientierungen und Gesellungsformen von Hauptschülern im sozialökonomischen Kontext" (DFG-gefördert, 1975-1981). In diesem Zusammenhang ein erneuter Dank für die Kooperation an alle genannten Autorinnen und Autoren der Studien.

10   Deren Wissen um die noch nicht ausgeschöpften Analysemöglichkeiten des Datenmaterials und das gegenseitige Vertrauen, das sich aus zahlreichen gemeinsamen Tagungen und Werkstattgesprächen, in denen Erfahrungen mit den neuartigen qualitativen Verfahren ausgetauscht wurden, entwickelt hatte, machten diese Sekundäranalyse möglich.

putergestützten Datenanalyse (QDA), die zum damaligen Zeitpunkt noch nicht zur Verfügung stand. Daher konzentrierte sich die Projektarbeit im ersten Schritt auf die eigenen Daten von zwei der insgesamt drei Teilpopulationen des Bremer Projektes, um nicht nur erste Erfahrungen mit der neuartigen Strategie zu gewinnen, sondern gerade auch, um die ersten Auswertungsschritte mit vertrauten Daten zu beginnen. Angelehnt an das Konzept der theoretischen Stichprobe in der Tradition der Grounded Theory erwarteten wir in der späteren schrittweisen Erweiterung der Datenbasis theoretische Sättigungsprozesse, die letztlich auch eine Verringerung des Auswertungsaufwandes zur Folge haben sollten.

2.1   Nachvollziehbarkeit des Kontextes für die Sinnerschließung

Weil – wie dargestellt – die qualitativ orientierte Methodologie insgesamt mit ihrer Durchsetzung in der sozialwissenschaftlichen Scientific Community zu kämpfen hatte, ganz zu schweigen in ihrer Anwendung im Rahmen der Forschungsstrategie der qualitativen Sekundäranalyse, erschien es zum einen notwendig, die theoretischen Grundlagen der Sinnerschließung in Kommunikationssituationen zu resümieren, die in Interviewtranskripten und Beschreibungen des Gesprächskontextes abgebildet vorliegen (Teil 1, Kap. 2.1), die zugleich für das in Kapitel 2.4 ausführlich begründete und mit konkreten empirischen Beispielen belegte Auswertungsverfahren qualitativer Interviews wesentlich sind. Zum anderen sollten Überlegungen zu einer dem Kontext- und Prozesscharakter sozialer Erscheinungen entsprechenden Kommunikation im Interview und zur damit verbundenen Begriffsbildung „eine realitätshaltige Interpretation" (Teil 1: 8) im Rahmen der Sekundäranalyse gewährleisten.

Die Konsequenzen der Betrachtung der reflexiven und durch kontextuelle Aspekte geprägten Beziehung zwischen Forschenden/Interviewenden und Forschungssubjekten bekommen ihren besonderen Stellenwert für die Frage, ob die Durchführbarkeit einer Sekundäranalyse aufgrund von Gefahren einer potenziellen De-Kontextualisierung von Primärdaten grundsätzlich bezweifelt werden muss (vgl. Kap. 3.1.1 der vorliegenden Publikation) oder ob – wie im vorliegenden Fall – der Nachvollzug kontextueller Effekte eher als praktisches denn als epistemologisches Problem betrachtet wird.

Grundsätzlich enthält der Kontext den Bezug der Befragten auf die Umwelt im weiteren Sinne (gesellschaftliche Gelegenheitsstrukturen, Milieu) sowie auf Bedingungen und Zusammenhänge von unmittelbaren Handlungen und Orientierungen, die zeitlich und situationsbezogen verortet sind. Die Daten sind dann daraufhin zu prüfen, inwieweit sich mit ihnen – entsprechend ihrer Bedeutung für die sekundäranalytische Fragestellung – diese Bezüge rekonstruieren lassen.

Für eine vergleichende Sekundäranalyse heißt dies im positiven Fall, die in den einzelnen thematisch ähnlichen Studien erfassten „unterschiedliche(n) Situationen des Handelns und Deutens zu identifizieren und diese verschiedenen Kontexte zu einer breit angelegten Gesamtsicht zu verknüpfen" (Teil 1: 16).

Weiterhin ist der Kontext in den sprachlichen Äußerungen im Interview zu beachten, deren indexikaler Charakter sich von Gesprächspartnern erst im Verlaufe eines Prozesses der Sinnerzeugung und des -verstehens mit Alltagstechniken entschlüsseln lässt, der ethnomethodologisch mit der „dokumentarischen Methode der Interpretation" (Garfinkel 1964) beschrieben wurde. Dabei werden im Interpretationsprozess Äußerungen von Details als Dokument eines zugrunde liegenden Musters gesehen und umgekehrt wird ein solches Muster durch einzelne individuelle Äußerungen identifiziert, so dass „die das Muster wiedergebenden Erscheinungen und das Muster selbst einander wechselseitig determinieren" (Wilson 1973: 60).

Die Berücksichtigung dieser Kontextaspekte durch die Erhebungsmethode und geeignete weitere Instrumente ihrer Erfassung bekommen damit ihren besonderen Stellenwert als Prüfstein für die sekundäranalytische Eignung der Primärstudie. Die in der Bremer Primärstudie angewandte Methode des problemzentrierten Interviews (Witzel 1982, 2000b) orientiert sich an den o. g. Grundlagen für den Verständigungsprozess zwischen Interviewer und Interviewten mithilfe des flexiblen Einsatzes von erzählungs- und verständnisgenerierenden Frageformen, der Kombination einer eher zurückhaltenden oder abwartenden mit einer aktiven Haltung der Forschenden/Interviewenden und der Nutzung sowohl deren Vorwissens wie auch der Relevanzsetzungen der Forschungssubjekte (Teil 1: 16-22).

Eine zentrale Bedingung für die Nachvollziehbarkeit dieser kontextabhängigen Äußerungen in der anschließenden Phase der systematischen Interpretation und letztlich für die Eignung des Datenmaterials für den Prozess der sekundäranalytischen Rekontextualisierung und Rekonstruktion der Sinngehalte stellt die wortwörtliche Dokumentation des Kommunikationsprozesses in Form von *Transkripten* dar.

Als weiteres nützliches Instrument für die Erfassung des Gesprächskontextes sind *„Postskripta"* (Witzel 2000b: 10) mit ihren Kontextbeschreibungen über Interviewsituation, besondere Ereignisse, subjektive Eindrücke der Forschenden/Interviewenden und bedeutsame non-verbale Äußerungen.

Zuletzt geben *Dokumentationen* über den gesamten Forschungszusammenhang der einzelnen Studien (Teil 1, Kap. 2; Teil 2, Anhang, II-V) Auskunft über die weiteren Rahmenbedingungen der einzelnen Studien. Sie sind ein weiterer wichtiger Prüfstein für die sekundäranalytische Eignung der Studie, weil mit ihnen die theoretischen Vorannahmen, Forschungsinteressen und methodischen Entscheidungen nachvollziehbar und in ihren Konsequenzen für die Auswertungschancen oder mögliche analytische Einschränkungen bei der Wiederverwendung der Daten überprüfbar werden.

Die Konsequenzen vielfach fehlender Kontextinformationen insbesondere zur Erhebungssituation hatten die Autoren der Sekundäranalyse bereits damals erkannt und daher im Untersuchungsdesign berücksichtigt (s. u.). Sie werden heute unter dem plastischen Begriff „not having been there" (Heaton 2004: 60) gefasst und diskutiert. Er kennzeichnet den Informationsmangel, der durch Nichtbeteiligung an der Erhebung von Primärdaten entsteht und die möglichen Fehlinterpretationen durch Sekundäranalytiker[11].

2.2   Problem des „Data Fit"

Die Ausführungen über die theoretischen Grundlagen und wissenschaftlichen Interessen beispielsweise des Bremer Projektes sind im Teil 1 (Kap. 2.2) offengelegt und betreffen das grundsätzliche Problem der Eignung der Daten (data fit) der Primärstudie für die Sekundäranalyse.

Die dort enthaltenen Ausführungen über das Subjekt-Objekt-Verhältnis, den Sozialisationsansatz, die Befunde über Deutungsmuster vorberuflicher Sozialisation und Selektion und das heuristische Analysemodell der Bewältigung des Einmündungsprozesses in den Arbeitsmarkt oder auch die im Interviewleitfaden konkretisierten Forschungsfragen (Teil 1: 70 ff.) hatten die Funktion, dass „die unterschiedlichen methodischen Problemkonstellationen und Lösungsmöglichkeiten (...) der Sekundäranalyse (...) sich besser von den theoretisch-inhaltlichen Ausgangspunkten bzw. Zielrichtungen her einordnen [lassen]" (Teil

---

11   Auch in einem Forschungsteam der Primärstudie ist das einzelne Mitglied bei den meisten Interviews „nicht dabei gewesen" und benötigt die Vermittlung von Kontextinformationen, wenn die einzelnen Auswertungsschritte der arbeitsteilig erhobenen Interviews kooperativ im Team validiert werden. Die Notwendigkeit der Rekonstruktion der Interviewkontexte – in der Längsschnittforschung noch deutlicher aufgrund von möglichen Mitarbeiterwechseln während der langen Laufzeit der Projekte – hebt damit die Polarität zwischen Primär- und Sekundäranalyse auf.

1: 31). Die eher breit und grundlagentheoretisch angelegte Forschungsfrage der Biografiegestaltung, die Orientierung der Begriffs- und Kategorienbildung sowie des Stichprobenverfahrens am theoriegenerierenden Ansatz der Grounded Theory (Teil 1: 22-27; 44-51) und die Programmatik des problemzentrierten Interviews (Teil 1: 18 ff.) versprachen optimale Bedingungen für die Möglichkeiten einer theoriegenerierenden Vorgehensweise auf einer reichhaltige Datengrundlage.

Das Problem des data fit wird auch in der normativ-deduktiven Theorietradition der Sekundäranalyse hervorgehoben, wie das einschlägige und erst spät entstandene Standardwerk von Hyman (1972) verdeutlicht. Die Bedeutung des verwendeten theoretischen Ansatzes und des Forschungsdesigns für die Daten, die Qualität der Forschungsdokumentation und der Daten selbst sind übereinstimmende Prüfsteine für die sekundäranalytischen Möglichkeiten. Darüber hinaus ist das Vorhandensein der Originaldaten ein wesentliches Kriterium, wie das Indikatorenproblem in der normativ-deduktiven Tradition zeigt. Indikatoren verbinden die begriffliche mit der Beobachtungsebene und hängen vom Ansatz der Primärstudie ab. Probleme für eine Äquivalenz der Indikatoren der Primär- und Sekundäranalyse entstehen dann, wenn sich in der Primärstudie die in den Indikatoren kombinierten Subkategorien als Einzelelemente nicht mehr trennen und auf die Originalantworten etwa in einem Fragebogen zurückführen lassen.

Die daraus drohende Gefahr der mangelnden Gültigkeit des neu konzipierten Zugriffs auf die Empirie wird ausführlich anhand einer sekundäranalytischen Studie zur Berufsfindung von Jugendlichen (Manstetten 1978) vorgeführt. Beispielsweise wurde der Indikator für die Beeinflussung der Berufswahl der Jugendlichen durch die Eltern aus drei Teilelementen gebildet: Ein „bestimmter Beruf wurde von den Eltern gewünscht/angeregt/entschieden" (ders.: 10). Aufgrund von empirischen Ergebnissen einer früheren qualitativen Studie (Heinz/Heuberger/Wachtveitl/Witzel 1981) war es möglich, die Kombination dieser Subkategorien, die aus Statements der Fragebögen von 18 Studien gebildet wurden, kritisch zu überprüfen. In dieser Studie betonten beide Elternteile, dass sie zwar Berufsoptionen anregen, aber die Entscheidung darüber ihren Kindern überlassen, um deren Motivation für den schließlich gewählten und möglicherweise lebenslang ausgeübten Beruf zu erhalten. Dies entspricht auch der Vorstellung von Jugendlichen, in eigener Verantwortung den Eintritt ins Berufsleben zu bewältigen. Der Befund verweist also auf die Möglichkeit, dass die beiden Elemente „angeregt" und „entschieden" gegensätzlicher Natur sind und das Element „angeregt" im Widerspruch zur Messung der höchsten Intensität der Beeinflussung durch Eltern mithilfe eines Indikators steht. Hier zeigen

sich auch Versäumnisse bezogen auf den interpretativen Charakter von Frage-
bogenstatements insgesamt: die Subsumtion der Kategorie „Anregung von Be-
rufen" unter die theoretisch vorgefasste Abstraktion „Beeinflussung des Be-
rufswunsches" ist voreilig und entspringt eher der Vorstellungswelt der Forschenden als derjenigen der Beforschten.

Die Schlussfolgerungen aus dieser Kritik bestehen darin, durch Rekonstruk-
tionen und Interpretationen die innere Struktur und Argumentation zu entschlüsseln und Zusammenhänge zwischen objektiven Voraussetzungen und subjektiver Bewältigung von Handlungen situationsbezogen herzustellen (Teil 1: 117).
Die dabei entwickelten Begriffe und Kategorien sollten dabei auf dem Datenmaterial der Primärstudie(n) basieren, das auch insofern authentisch ist, als es nicht
durch ex ante Theorien so überformt ist, dass alternative Sichtweisen verunmög-
licht werden.

2.3   Design der Sekundäranalyse

Undogmatisch, aber auch mangels qualitativer Alternativen wurden begriffliche
oder konzeptionelle Anleihen für die Gestaltung der Sekundäranalyse in der
normativ-deduktiven Theorietradition der Sekundäranalyse gesucht (Teil 1: 113
ff.). Hyman (1972) hat Sekundäranalysen systematisiert und dabei 11 Designs
konzipiert, wovon die Varianten „clinical study of a series of verbatim answers
of the respondent to reveal patterns of attitudes, thought, and language" (Design
10, S. 182) und „synthesis of multiple surveys for broad characterization of
groups" (Design 7, S. 137) am ehesten übertragbar sind.

Die erste Variante betont die Detailanalyse von wörtlichen Antworten auf offene Fragen und kommt dem oben formulierten Design einer vertiefenden Sekundäranalyse nahe, die für den ersten Schritt der Erprobung des sekundäranalytischen Vorgehens anhand selbsterhobener Primärdaten („Semisekundäranaly-
se" nach Hyman) relevant ist.

Die zweite Variante verweist auf den darauf folgenden Auswertungsschritt
unter Verwendung mehrerer Datensätze (Kumulation oder „pooling"), die Friedrichs (1973) in seinem klassischen Lehrbuch zur empirischen Sozialforschung
als Möglichkeit zur Theoriegewinnung beschreibt, indem mit mehr Variablen
gearbeitet, komplexere Probleme untersucht und gültigere Aussagen gemacht
werden können. Einzelne Studien bieten nur Ausschnitte aus dem Spektrum der
für die Handlungen und Orientierungen relevanten Kontexte. Die Grundidee der
qualitativen Sekundäranalyse bestand also darin, die in den einbezogenen Stu-

dien verschiedenartig ausgeprägten Kontexte kumulativ zu nutzen, um zu einer validen Gesamtbeschreibung der Arbeitsamtthematik im berufsbiographischen Verlauf zu gelangen. Dieses *kumulative Element* des Designs verbindet sich mit dem *vergleichenden Aspekt* der Sekundäranalyse aus dem Blickwinkel der kontrastierenden Analyse unterschiedlicher konjunktureller und regionaler Bedingungen, Stichprobenvarianten, Befragungstechniken, differierender Untersuchungssituationen im Prozess der Berufseinmündung und unterschiedlicher Perspektiven (retrospektiv, gegenwartsbezogen, prospektiv) der Befragten auch aufgrund von unterschiedlichen Befragungszeitpunkten der einbezogenen Längs- und Querschnittstudien. Daraus ergibt sich die Formulierung des angewandten Designs: *„Kumulation einzelner Untersuchungen bzw. Teilstichproben zu einer longitudinalen Gesamtschau des Problemfeldes"* (Teil 1: 120).

2.4 Instrumentarien der Sekundäranalyse

Um Lösungen für die einzelnen Arbeitsschritte der kumulativen bzw. vergleichenden Sekundäranalyse angesichts der umfangreichen Forschungsdokumentationen zu entwickeln, wurden verschiedene Instrumentarien entwickelt und erprobt.

2.4.1 Vergleichende Kurzcharakterisierung der Studien

Die vergleichende Kurzcharakterisierung (vgl. Teil 1: 135 ff.) dient dem Komprimieren und Systematisieren der zentralen Kennzeichen der einzelnen Studien, mit dem Ziel, zum einen den Beitrag jeder einzelnen Studie (Data fit) zur Beantwortung der Forschungsfragen nach detaillierter Prüfung der zugrunde liegenden Daten zu umreißen und zum anderen eine kategoriale Grundlage für den Studienvergleich zu schaffen. Grundlage für diese Kurzcharakterisierung bildeten ausführliche *Studienbeschreibungen* der einbezogenen Projekte (Teil 2: 268-333). Sechs Vergleichskategorien dienten der tabellarischen Darstellung der zentralen Charakteristika der einbezogenen Studien und zu einem bilanzierenden Begleittext. Im Folgenden wird die Anwendung der vergleichenden Kurzcharakteristik am Beispiel dreier einbezogener Studien erläutert.

Die erste Vergleichskategorie umfasst die *theoretischen Vorannahmen, Zielsetzungen und Themenschwerpunkte* (vgl. Tabelle 1) der Studien. Es besteht z. B. eine größere Übereinstimmung des Dortmunder und Bremer Projekts bezüg-

lich der Bedeutung des Arbeitsmarktes für die Realisationschancen von Berufsoptionen und ihren Auswirkungen auf den Berufsfindungsprozess von Jugendlichen. Für die erneute Datennutzung ist es daher von Bedeutung, dass damit den
Umlenkungsprozessen beruflicher Interessen durch das Arbeitsamt als institutio-
nellem Repräsentanten des Arbeitsmarktes in beiden Studien besondere Aufmerksamkeit geschenkt wird. Im Unterschied dazu postuliert das lebensweltlich
orientierte Münchner Projekt neben sozialstrukturellen Faktoren Einflüsse unmittelbar räumlicher Umwelt für den Übergangsprozess in die Berufsausbil-
dung. Dieses andersgeartete theoretische Konzept wird nicht als Einschränkung
der Vergleichbarkeit der Daten aufgefasst, sondern als Erweiterung der „Erklä-
rungsmöglichkeiten der Bedeutung von Berufsberatung und -lenkung des Arbeitsamtes durch die Annahme regionaler Unterschiede etwa in der Akzeptanz
bzw. Nutzung oder in den Auffassungen über Funktion und Nutzen des Infor-
mations- und Vermittlungsdienstes des Arbeitsamtes" (Teil 1: 136).

Die *Thematik der Ergebnisse zur Berufssuche und zum Arbeitsamt* (vgl.
Tabelle 2) beantwortet mit der eingehenden Prüfung der verfügbaren Daten zur
Arbeitsamtthematik und deren spezifischen Zuschnitt aufgrund der o. g. Vorannahmen, Zielsetzungen und Themenschwerpunkte der einzelnen Studien sowie
deren situativer Einbettung in den Berufsfindungsverlauf die zentrale Frage
nach dem thematischen Data fit.

Komplex stellt sich der Studienvergleich mit den Kriterien der *Situationsbezüge und Erhebungszeitpunkte* (vgl.) dar, die eine Verortung der berufsbezoge-
nen Orientierungen und Handlungen als Etappen im Zusammenhang des gesamten Berufsfindungsverlaufs gewährleisten. Die Phase der beruflichen Chancenzuweisung durch die mit Beendigung der Orientierungsstufe eingeschlagene
Schullaufbahn wurde als Situation I bezeichnet; Situation II umfasst die erste
Berufssuche mit bzw. nach Beendigung der Haupt- oder Realschule; Situation
III die ersten Resultate der Berufssuche (Lehrstelle und andere Übergangsformen); Situation IV die erneute Berufssuche mit bzw. nach Beendigung der anderen Übergangsformen. Aufgrund der Tabelle 3 (Teil 1) lässt sich damit fest-
stellen, welchen Nutzen die Daten der einzelnen Studien für die Analyse der
unterschiedlichen Funktionen des Arbeitsamtes – Information, Beratung und
Vermittlung – erbringen, die von den Jugendlichen in unterschiedlichen Phasen
des gesamten Berufsfindungsverlaufs abgerufen werden. Dieser Nutzen der
Daten hängt ab von der Nähe der Erhebungszeitpunkte zu den einzelnen Situationen, der Größe des Untersuchungsfensters und des Untersuchungsdesigns, das
darüber entscheidet, aus welchem Blickwinkel die Forschungsthematik von den

Jugendlichen in den Interviews betrachtet wird: retrospektiv, gegenwartsbezogen oder prospektiv[12].

Die im tabellarischen Überblick vorgenommenen kategorialen Unterscheidungen lassen die Kombinationsmöglichkeiten der Anteile der unterschiedlichen Paneldaten sowohl zur Analyse einzelner biografischer Etappen als auch einer longitudinalen Gesamtschau des gesamten Berufsfindungsverlaufs erkennen.

---

12 In Panelstudien lassen sich die Bedeutsamkeit dieser unterschiedlichen Sichtweisen für die individuelle Biografiegestaltung und mögliche Fehlerquellen in deren wissenschaftlicher Rekonstruktion nachweisen. Zu den „biografischen Konstruktionen" siehe Witzel 2001.

	Jugendliche im sozialökologischen Kontext **München**	*Lebenspraxis u.- perspektive von gewerblich- technischen Auszubil- denden in der Großindustrie* **Dortmund**	*Berufsfindung und Arbeitsmarkt* **Teilprojekte I/II und III** **Bremen**
Theoretische Vorannahmen	Sozialökologischer Ansatz, Erklärungsdimensionen für die Region, sozialstrukturelle Faktoren (Herkunft, Bildungsverläufe, Geschlecht)	Berufsfindung als Prozess der Umlen- kung von beruflichen Optionen durch d. Arbeitsmarkt erfordert Rückbindung eigener Entscheidungen an die Biographie. Betonung der Prozess- haftigkeit vorberuf- licher Sozialisation	Berufsfindung als Prozess der Umlenkung von beruflichen und schulischen Optionen durch d. Arbeitsmarkt erfordert Rückbindung eigener Entscheidungen an die Biographie unter Verwendung von Deutungsmustern. Verlängerung d. Berufs- schule über Ende allg. Schule hinaus. Betonung der Prozess- haftigkeit vorberuf- licher Sozialisation
Zielsetzung der Untersuchung	- Vorberufliche Soziali- sation, - Einfluss der sozial räumlichen Umwelt unter Einbeziehung auf ausgewählte Aspekte der Sozialisation von Hauptschülern	- Berufliche Sozialisa- tion unter Einbezie- hung vorberuflicher Erfahrungen d. Jugend- lichen - Untersuchung der Ausbildungsplatzsu- che, Ausbildung und Berufseinmündung von Facharbeitern - Theoretische Klärung- der Anpassungsleis- tung von beruflichen Interessen an die Be- dingungen des Ar- beitsmarktes	Vorberufliche Sozialisa- tion *Teilprojekt I:* Verarbeitungsformen berufsrelevanter Sozia- lisationseinflüsse u. Antizipation der Berufs- arbeit von Hauptschülern der 7-. Klasse bis 1 Jahr nach Schulabschluss. *Teilprojekte II/III:* Berufsfindung unter dem Einfluss einjähriger Überbrückungs- maßnahmen, BGJ/kooperativ und BFS f. Kinderpflegerin- nen. Untersuchung ge- schlechtsspezifischer Übergänge in die Arbeitswelt

Tabelle 1: Theoretische Vorannahmen und Zielsetzungen der Untersuchung

37

	München	Dortmund	Bremen
Zielsetzung der Untersuchung	Beschreibung der regionalen und sozial-strukturellen Einflussgrößen für die Berufssuche	Berufseinmündungs-prozess als logisch aufeinander folgende Etappen der Interessens-akkomodation an die vorfindlichen Arbeits-marktbedingungen	Berufseinmündungs-prozess als logisch aufeinander folgende Etappen der Interessens-akkomodation an die vorfindlichen Arbeits-marktbedingungen
Thematik der Ergebnisse zum Arbeitsamt	- Expertengespräche über institutionalisierte Berufswahlvorberei-tung durch Schule und Arbeitsamt - Bild der Jugendlichen vom Arbeitsamt (dabei Unterscheidung der Arbeitsamtfunkti-onen, Orientierung, Beratung, Vermittlung unter Rückbezug auf Region und sozial-strukturelle Faktoren) - Innerfamiliäre Verar-beitung der Arbeits-amtshilfen - Bedeutung des Arbeitsamtes für das Erlangen von Lehrstel-len - Einschaltungsgrad des Arbeitsamtes	- Bild vom Arbeitsamt - Ausweichen auf alternative Informatio-nen - Einschaltungsgrad des Arbeitsamtes	- Bedeutung des Ar-beitsamtes für das Erlangen von Lehrstel-len und für die Umlen-kung auf Überbrü-ckungsmaßnahmen und schulischer Be-rufsausbildung - Bild der Jugendlichen vom Arbeitsamt (dabei Unterscheidung der Arbeitsamtfunkti-onen, Orientierung, Beratung, Vermittlung unter Rückbezug auf Situationen der Be-rufssuche) - Funktion des Arbeits-amtes am Ende von Überbrückungs-maßnahmen und schu-lischer Berufsausbil-dung - Einschaltungsgrad des Arbeitsamtes

Tabelle 2: Thematik der Ergebnisse zur Berufssuche und zum Arbeitsamt

38

	München	Dortmund	Bremen Teilprojekt I	Teilprojekt II, III
Situationsbezüge der Untersuchungen				
- *gegenwartsbezogen*	Ende d. allg. b. Schulbesuchs (Sit. III)	Resultat der Berufssuche 1 (Sit. III) und jedes weitere Jahr der betriebl. Ausbildung	Sit. I, II, III	Sit. III, IV
- *retrospektiv*	Chancenzuweisung durch Schullaufbahn (Sit. I)	Ende d. allgemeinb. Schuls. (Sit. II)	Sit.I,II,III	Sit. I u. II, III
- *prospektiv*	---	---	Sit.II,III,IV	Ende der Übergangsmaßn. Berufssuche 2 (Sit. IV)
Erhebungszeit-punkte	3 Monate bis 3 Wochen vor Schulende (Interviews) 1976/1977 Nachuntersuchung nach 5 Jahren	1. Erhebung: 3. bis 6. Monat der Ausbildung, Ende 1976/ Anfang 1977, zwei weitere Erhebungen während der nachfolgenden Lehrjahre (bis 1980)	1979, 1980, 1981, 1982 1. Erh.: Beginn 2.Halbjahr 7.Klasse Hauptschule 2. u. 3.Erh.: ca. 4 Wochen vor Ende der 8. bzw. 9. Klasse 4. Erh.: ca. 1 Jahr nach Schulabschluss	1. Erh.: ca. 4 Wochen nach Beginn der Überbrückungsmaßnahmen und schulischen Berufsausbildung 2. Erh.: ca. 4 Wochen vor und nach Abschluss der unterschiedlichen Maßnahmen und Schulformen. 3. Erh.: Nacherhebung nach 1 Jahr bei BFS (1-jährig) und BFS f. Kinderpflegerinnen

Tabelle 3: Situationsbezüge und Erhebungszeitpunkte der Untersuchung

Die vierte Vergleichskategorie beinhaltet den *Status der Jugendlichen und die Differenzierung des schulischen Qualifikationsniveaus* (vgl. Tabelle 4). Die Kennzeichnung des Status hängt eng mit den jeweils erhobenen Etappen der Berufssuche (s. o.) zusammen, präzisiert aber dennoch die Stichproben mit den Kriterien Erfolg und Misserfolg bei der Lehrstellensuche. Entsprechend der unterschiedlichen Schulqualifikation war eine Differenzierung der Erwartungen an Leistungen des Arbeitsamtes zu erwarten.

	München	Dortmund	Bremen
Status der Jugendlichen	Hauptschüler (9. Kl.)	Lehrlinge (1. Ausbildungsjahr)	Hauptschüler (Teilprojekt I) Teilnehmer an „Puffermaßnahmen", Lehrlinge (1. Ausbildungsjahr und nach Beendigung des Schuljahres) Teilnehmer schulischer Berufsausbildung (Teilprojekt II, III)
Differenzierung des schulischen Qualifikationsniveaus	- unterschiedliche Schulkarriereverläufe - qualif./unqualif. Hauptschulabschluss	Hauptschüler (9./10.Kl.), Realschüler (mittl. Reife), Sonstige (Fachoberschule, Berufsfachschule, Berufsgrundbildungsjahr, Handelsschule, Gesamtschule, Gymnasium ohne Abitur)	Hauptschüler (mit/ohne Abschluss) Realschüler (mit/ohne Abschluss) Gymnasiasten (mit Abschluss) Sonstige (Berufsfachschule, Berufsgrundbildungsjahr)

Tabelle 4: Status der Jugendlichen und Differenzierung des schulischen Qualifikationsniveaus

Für die Wiederverwendung der Primärdaten sind weiterhin die Kriterien *Gesamtstichprobe, Stichprobenverfahren und Regionalisierung* (vgl. Tabelle 5) nützlich. Die Ziffer der Gesamtstichprobe stellt den Umfang der verfügbaren Daten dar, innerhalb dessen eine, weiter unten beschriebene Vorgehensweise für die Lösung des Dilemmas qualitativer Methoden, einerseits die Authentizität des Einzelfalls durch aufwändige Detailanalyse zu gewährleisten, andererseits

40

für das Ziel, Varianten oder Typen von Orientierungen und Handlungen zu entwickeln, eine gewisse Breite der Daten zugrunde legen zu müssen, entwickelt werden muss. Die Begründungen der Stichprobenauswahl und die regionalen Differenzen der Untersuchungen sind in ihren Konsequenzen für Interpretation der Interviewmaterialien bedeutsam. So lassen sich urbane Bezüge, Arbeitsmärkte, Schulklassen oder Betriebe unterscheiden, die um ein zufälliges Auswahlverfahren (Schneeballsystem) ergänzt eine größere Breite möglicher Orientierungen und Handlungen sichern.

	München	Dortmund	Bremen
Gesamtstichprobe	140	172	194
Stichprobe differenziert nach Geschlecht	73 Jungen 67 Mädchen	170 Jungen 2 Mädchen	111 Jungen 83 Mädchen
Stichproben-verfahren	Schneeballsystem innerhalb dreier Regionen	8 Betriebe in 4 Branchen (Stahl, Maschinenbau, Textil, Chemie)	*Teilprojekt I* Sozialräumliches Auswahlverfahren *Teilprojekt II, III* Auswahl von Klassenverbänden nach Entwicklungstendenzen im System berufsvorbereitender und berufsbildender Schulen: 1 Klassenverband BGJ/k, 6 Klassenverbände 1-jährige Übergangsmaßnahmen und 1 Klassenverband Berufsfachschule für Kinderpflegerinnen.
Regionalisierung	3 Regionen unterschiedlicher sozialökologischer Merkmale: Altstadt, Neustadt, Kleinstadt	Großstadt (NRW)	Land/Stadt Bremen

Tabelle 5: Gesamtstichprobe, Stichprobenverfahren und Regionalisierung

Für die Einschätzung der Analysemöglichkeiten der Sekundäranalyse bedeutsam ist zuletzt insbesondere die *Methode der Erhebung,* aber auch die der *Auswertung und Ergebnisdarstellung* der Primärstudie (vgl. Tabelle 6).

41

	München	Dortmund	Bremen
Erhebungsmethode	Intensivinterviews mit teilweise strukturiertem Leitfaden, systematische Nachfragen bei unklaren Antworten und zur Vorinterpretation	Offene Einzelinterviews mit standardisiertem Leitfaden, Nachfragen nur bei unklaren Antworten, Gruppendiskussionen	Intensivinterviews mit flexiblem Leitfaden, systematische Nachfragen bei unklaren Antworten und zur Vorinterpretation
Auswertungsmethode	1. Stufe: Sozialstatistische Datenstrukturierung 2. Stufe: Darstellung thematischer Zusammenhänge mit Hilfe „phänographischer Deskription". 3. Stufe: „Statistische Deskription", um Trends innerhalb d. stat. Merkmalsverteilung festzustellen	Quervergleich von Interviews u. Gruppendiskussionen, Auswertungskategorien orientieren sich an der Struktur der Aussagen von Jugendlichen, Erhalt der Teilstruktur von Antworten, Aufdecken und Registrieren widersprüchlicher Antworten	1. Stufe: Satz-für-Satz-Analyse von Einzelfällen 2. Stufe: Systematischer Quervergleich von Interviews bei Erhalt biographischer Zusammenhänge: - schul- bzw. ausbildungsformspezifisch - Gesamtprozess der Berufsfindung
Methoden der Ergebnisdarstellung	Mithilfe „disziplinierter Abstraktionen" werden z.T. durch merkmalsbezogene empirische Typisierungen, z.T. durch idealtypische Generalisierungen Allgemeinaussagen dargestellt, Tabellarische Deskription	Auf der Basis des Konzepts der Ware Arbeitskraft als theoretischem Ergebnis werden Allgemeinaussagen mithilfe des Materials aus Interviews und Gruppendiskussionen, betriebliche Einzelfallstudien entwickelt, Tabellarische Deskription	Auf der Basis des Modells der Optionslogik als theoretischem Ergebnis werden situationsgebundene Allgemeinaussagen mithilfe des Interviewmaterials entwickelt. Kurzbiographien von Jugendlichen, Tabellarische Deskription

Tabelle 6: Methoden der Erhebung, Auswertung und Ergebnisdarstellung

Eine ideale Grundlage für eine vertiefende Fragestellung der Sekundäranalyse bieten Erhebungsmethoden, die den subjektiven Darstellungen von Orientierungen und Handlungen breiten Raum gewähren und die zugleich systematisch durch Fragen ergänzt werden, die zum Verständnis unklar gebliebener Sachverhalte beitragen und die Thematik durch Detailfragen vertiefen. Insbesondere den Befragten im Münchner und Bremer Projekt wurde in Intensivinterviews die Chance eingeräumt, ihre originäre Problemsicht mit Unterstützung der Forscher im Interviewverlauf zu entfalten[13]. Inwieweit die offene, eher durch wenige Nachfragen ergänzte Interviewform des Dortmunder Projekts mit der daher weniger reichhaltigen Datengrundlage sich dennoch für die Sekundäranalyse als nützlich erwies, wird im Abschnitt über die methodischen Erfahrungen dargelegt.

Von den Methoden der Auswertung und der Art der Ergebnisdarstellung der Studien hing die Möglichkeit ab, Detailergebnisse zur Arbeitsamtthematik in den Kontext der Befunde der Primärstudien zu stellen. Die vergleichende Kurzcharakterisierung verschafft einen Überblick über die thematisch relevanten Daten der einzelnen Studien und die Möglichkeiten des Vergleichs. Das folgende, im Laufe der Sekundäranalyse entwickelte Auswertungsinstrument dient der Organisation des thematischen Zugriffs auf die Daten der einzelnen Studien.

2.4.2   Das sequenzielle Auswertungsschema

Das sequenzielle Auswertungsschema (Teil 1: 150 ff.) dient dem Erfassen der für die Beantwortung der Forschungsfragen zentralen Aussagen in den Interviews, im Teil 1, S. 150 ausgedrückt als „Problemzentrierung von sorgfältigen Einzelanalysen". Dieser Zielsetzung dient ein „Suchraster" für die Daten, das ein thematisch begründetes Gefüge von Sammelbegriffen („Kategorien") enthält, die im vorliegenden Fall sozusagen als Reiter für Karteikarten mit Interviewtextsequenzen oder als Gliederungsprinzip für Einzelfalldarstellungen aus Paraphrasen und Originalzitaten gedient haben. Die einzelnen, für die Anwender des Schemas definierten Kategorien oder Kodes sind breit gefasst und engen als heuristische Hilfsmittel die Textsortierung nicht durch theoriegeladene Begrifflichkeiten ein. Die sequenzielle Anordnung der Kategorien umfasst den gesamten Berufsfindungsverlauf, die für die einzelnen Studien entsprechend ihres spezifischen Untersuchungsfensters genutzt werden kann. Sie folgt idealtypisch der chronologischen Abfolge der Ereignisse und der entsprechenden Entfaltung der Thematik im Interview. Die Sortierungskategorien erleichtern zuletzt die

---

13   Die besondere Eignung von inhaltlich breit gefächerten und detaillierten Interviewdaten für Sekundäranalysen entspricht auch neueren Erfahrungen mehrerer internationaler Archive, die qualitative Daten zur Wiederverwendung vorhalten (Corti/Backhouse 2005).

Auswertungsmethode nach dem Prinzip der „minimalen und maximalen Kontrastierung" (Gerhard 1986: 69) von Fällen auf der Ebene der Einzelstudien und aller in die Analyse einbezogenen Studien (im Detail Teil 1, Kap. 2.4; Witzel 1996).

Diese Methode der Verwaltung, (Neu-) Ordnung und Strukturierung des Textmaterials musste sich zum Zeitpunkt der Durchführung der Sekundäranalyse noch des „Cut and Paste"-Verfahrens bedienen. Dies bedeutete auf manuellem Wege Textsequenzen zu erfassen und zu systematisieren, mit der Folge einer vergleichsweise recht umständlichen Vorgehensweise beim kategorienbezogenen Vergleich der sehr hohen Anzahl der Interviews. Heute bieten Computerprogramme für eine qualitative Datenanalyse (QDA) elektronische Hilfen für diese Methode an (Fielding/Lee 1998, Kuckartz 2007). Aufgrund der einfachen maschinellen Zugriffsmöglichkeiten auf die „sortierten" (= kodierten) Textpassagen lassen sich Textmaterialien in beliebigen Kombinationen zusammenstellen, die bezüglich ihrer Ähnlichkeiten, Unterschiede und Zusammenhänge analysiert werden können (Kühn/Witzel 2000).

Der Bedeutung des Kontextes im Prozess der sekundäranalytischen Rekonstruktion der Sinngehalte der Interviews entsprechend (s. o.) wurden folgende Lösungen realisiert: Auswertung auf der Basis vollständiger Transkription der tongespeicherten Kommunikation im Interview, Nutzung ergänzender Postskripta, methodische Kommentierungen, wissenschaftliche Selbstkontrolle durch internen Diskurs der Forschergruppe, Erfassung des sozialen und situativen Kontextes (Teil 1: 60 ff.).

Aufmerksamkeit wurde auch dem Kontextproblem im Zusammenhang der Rekonstruktion der für die Forscher fremden Daten der Projekte aus Dortmund, Hamburg und München gewidmet. Die Autoren der Sekundäranalyse konnten enge Arbeitskontakte zu den Primärforschern zum ständigen Informationsaustausch nutzen, der zuletzt in eine abschließende Arbeitstagung mündete, in der die Befunde der Sekundäranalyse und insbesondere die noch offen gebliebenen thematischen und methodischen Fragestellungen ausführlich diskutiert und protokolliert wurden (Teil 2: 258 ff.).

Neben dem thematischen Zugriff auf die Daten der einzelnen Studien mithilfe des Auswertungsschemas ging es um die Lösung des Problems, für die umfangreiche Datenmenge von vier Studien ein Auswahlverfahren zu entwickeln und zu erproben.

2.4.3 Das situationsorientierte Auswahlverfahren

Das Adjektiv in der Bezeichnung des Verfahrens (Teil 1: 153 ff.) verweist auf die grundlegenden Erkenntnisse aus dem Bremer Projekt, dass die Orientierungen und Handlungen aus der Sicht von Berufssuchenden nur dann zu rekonstruieren sind, wenn die Analyse die spezifischen Situationen im Berufsfindungsverlauf, in denen sie sich befinden, berücksichtigt. Mit den Stichprobenelementen der einzelnen Studien, die zur Beschreibung dieser Situationen beitragen, wird daher die (neue) Ausgangsstichprobe[14] für die studienspezifischen Sekundäranalysen festgelegt.

Am Beispiel des Münchner Projekts (Teil 1, Tabelle S. 156) lässt sich die konkrete Vorgehensweise erläutern. Die „Schneeballauswahl" des Primärprojektes ermöglicht trotz aller Zufälligkeiten zunächst eine Situationsverortung der Interviewtranskripte mit der Kategorie „Ergebnisse der Berufssuche". Sie umfasst die Merkmale „Lehre/Arbeit" (Vorhandensein eines Lehrvertrages und einer Arbeitsstelle), „Schule" (Entscheidung für eine weiterführende Schule) und „unentschieden" (die Optionen schulische oder berufliche Ausbildung sind offen). Weiterhin lässt sich das schulische Qualifikationsniveau von Jungen und Mädchen bezüglich des Erwerbs/Nichterwerbs eines qualifizierenden Hauptschulabschlusses unterscheiden, der über die Möglichkeit des Besuchs weiterführender Schulen und einer späteren Meisterausbildung entscheidend ist. Die Unterscheidung nach erfolgtem/nicht erfolgtem Arbeitsamtbesuch sowie Region sind weitere Stichprobenkriterien. Das Kriterium der Region mit der Unterscheidung Klein- und Großstadt sowie Alt- und Neustadtbezirke berücksichtigt die Besonderheit des sozial-ökologischen Ansatzes des Münchner Projektes, das damit einen besonderen kumulativen Aspekt der Sekundäranalyse ausmacht.

2.4.4 Das vergleichende Auswertungsschema

Das vergleichende Auswertungsschema (Teil 1: 160 ff.) setzt die Anwendung der oben dargestellten Instrumentarien voraus. Mit ihm wird der Prozess der Berufsfindung und der Arbeitsamtbezüge entlang der, aus den einzelnen Primär-

---

14 Das sekundäranalytische Äquivalent zur Phase des klassischen Sampling bezeichnet Heaton (2004) als „Sorting". Durch Auswahlentscheidungen innerhalb der gegebenen Daten wird eine zu den Zielen der Sekundärstudie passende neue Datengrundlage geschaffen: etwa durch die Auswahl eines Sub-Sample, das Fokussieren auf eine spezielle Gruppe von Befragten oder die Beschränkung der Analyse auf bestimmte Themen und Inhalte (a. a. O.: 59).

45

studien herausgearbeiteten und für die Fragestellung relevanten Kategorien oder Faktoren in kondensierter Form darstellbar. Es erlaubt den *Vergleich aller Studien* zur Überprüfung leitender Fragestellungen und Thesen, die in der vorgezogenen Analyse des Bremer Projekts entwickelt wurden.

Das Auswertungsschema besteht aus sieben tabellarischen Auswertungsbögen, die sich nach *sechs zentralen Einflussfaktoren auf den Arbeitsamtbezug* und einem methodenkritischen Anliegen gliedern (siehe die Kopfzeilen der Tabellen auf S. 160) und für jede Studie angewandt werden. Die sechs thematisch orientierten Bögen erfassen: Schulische Chancenzuweisung, Einmündung in den Ausbildungs- und Arbeitsstellenmarkt, Geschlecht, Beratungs- und Vermittlungserfolg und je nach Datenlage in den Primärprojekten die Faktoren Region und gewählte Berufe.

Der siebte Auswertungsbogen enthält *methodische Notizen*, um Erfahrungen mit der neuartigen Forschungsstrategie aber auch den schrittweise erfolgten Auswertungsprozess selbst festhalten zu können. Nützlich erwies sich dabei, die Brauchbarkeit der Daten bzw. Erhebungsmethoden für die Schleifen und Re-Analysen festzuhalten, die typisch sind für den ständigen Wechselprozess von deduktiven und induktiven Auswertungsschritten; oder Überlegungen anzustellen, über die mögliche Notwendigkeit der Erweiterung der Stichprobe um spezielle Subgruppen.

Jeder thematische Auswertungsbogen erfasst auf einer Achse (Zeilen) den Prozess der Berufsfindung und die Arbeitsamtbezüge in chronologischer Abfolge und auf der zweiten Achse (Spalten) die einzelnen Merkmalsausprägungen der o. g. thematischen Faktoren, die alle analytischen Möglichkeiten der einbezogenen Studien ausschöpfen.

Die Zeilen im Einzelnen: Die Oberkategorie A. *Phase vor einem Arbeitsamtkontakt* gliedert sich in schulische und berufliche Orientierungen in verschiedenen Phasen, Einflussnahmen auf berufliche Optionen, Informationssuche und Bewerbung um einen Ausbildungsplatz. Es folgt B. *Phase der Arbeitsamtkontakte* mit den Unterpunkten Schulberatung, Beratung und Eignungstest, Vermittlung, keine Inanspruchnahme des Arbeitsamtes und andersgeartete Informationen und Einflussnahmen. Die thematisch-zeitliche Abfolge des kategorialen Zugriffs auf die Interviewtexte endet mit C. *Phase der Einmündung in den Ausbildungsstellen- bzw. Arbeitsmarkt.* Unterschieden werden dabei die unterschiedlichen Einmündungsformen mit und ohne Einschaltung des Arbeitsamtes und die erneute Inanspruchnahme der Arbeitsamtvermittlung in speziellen Fällen.

Die Illustration (Teil 1: 165) erlaubt einen Blick in die Forschungswerkstatt und zeigt an einem Teilaspekt der Anwendung des vergleichenden Auswertungsschemas für den Faktor schulische Chancenzuweisung den Versuch einer quasi-statistischen Vorgehensweise zur Entdeckung von Relevanzstrukturen in den Aussagen der Befragten.

Die vier Instrumentarien können nunmehr in den Gesamtzusammenhang ihrer Anwendung gestellt werden.

2.4.5 *Verlaufsmodell für eine kumulative Sekundäranalyse*

Die methodischen Erfahrungen der Projektgruppe münden in ein idealtypisches Verlaufsmodell für die die Forschungsstrategie einer kumulativen Sekundäranalyse (vgl. Tabelle 7), das sich in acht Phasen und 20 Arbeitsschritte gliedert und die oben beschriebenen Einzelinstrumente integriert. Um Wiederholungen der Erläuterung der wichtigsten und oben beschriebenen Instrumente zu vermeiden, verweisen wir auf die Kommentierung der einzelnen Schritte in den zusammenfassenden Ausführungen im Teil 1, S. 127 ff.

Phase 1 Erarbeitung von Zielsetzungen und theoretischen Grundlagen	- Entwicklung inhaltlicher und methodischer Zielsetzungen der Sekundäranalyse - Entwicklung der theoretischen und methodischen Grundlagen der Sekundäranalyse
Phase 2 Sicherung und Erarbeitung der Datengrundlage	- Auswahl der einzubeziehenden Studien, Kontaktaufnahme mit den Projektvertretern Monographien über die Studien - Vergleichende Kurzcharakterisierung der Studien: Präzisierung der Problemstellung, Überprüfen der Studienauswahl - Klären des Datenzugangs, Einarbeitung in die Datengrundlage mit den Forschern der einbezogenen Studien
Phase 3 Entwicklung und Erprobung der Auswertung von Einzelfällen	- Entwicklung eines ersten sequentiellen Auswertungsschemas für inhaltliche und methodische Zielsetzungen - Anwendung des sequentiellen Auswertungsschemas auf die Gesamtstichprobe einer Studie - Ergänzung bzw. Korrektur des sequentiellen Auswertungsschemas
Phase 4 Datenreduktion	- Entwicklung und Anwendung eines situationsorientierten Auswahlverfahrens für weitere Studien
Phase 5 Datenanalyse I	- Anwendung des sequentiellen Auswertungsschemas auf alle weiteren Studien: Einzelfallanalysen - Einschränkung und/oder Erweiterung der einzelnen Projektstichproben
Phase 6 Entwicklung und Erprobung der vergleichenden Auswertung	- Entwicklung eines vergleichenden Auswertungsschemas für alle Studien - Anwendung des vergleichenden Auswertungsschemas auf verschiedene Studienstichproben - Ergänzung bzw. Korrektur des vergleichenden Auswertungsschemas
Phase 7 Datenanalyse II	-Vergleichsanalyse: Anwendung des vergleichenden Auswertungsschemas auf alle Studien - Evtl. Erweiterung der Stichproben und Einbeziehung von Subgruppen weiterer Studien
Phase 8 Ergebnisaufbereitung	- Inhaltliche Ergebnisse: Prozessdarstellung, Vergleichsanalyse, theoretisches Modell des Arbeitsamtbezugs Jugendlicher - Methodische Ergebnisse: Modell der Sekundäranalyse, Verbesserung qualitativer Erhebungs- und Auswertungsverfahren - Wissenschaftliche Selbstkontrolle durch Diskussion der Ergebnisse mit Forschern aus den einbezogenen Projekten

Tabelle 7: Verlaufsmodell der kumulativen Sekundäranalyse

2.5   Erfahrungen mit der Durchführung der Sekundäranalyse

Einen ersten wichtigen Erfahrungsaspekt stellen *Lösungen zur Bewältigung eines Datensatzes* dar, der aus Stichproben mehrerer Primärstudien kombiniert wurde. Als zentrales Mittel für die Datenreduktion erwies sich das in der Grounded Theory (Strauss/Corbin 1996) mit der theoretischen Stichprobe beschriebene Auswertungsverfahren[15]. Im Prozess der Theorieentwicklung werden dabei die dafür geeigneten oder notwendigen Daten sequenziell erhoben und analysiert, bis eine theoretische Sättigung erreicht ist. Dieses Verfahren wurde in der vorliegenden Sekundäranalyse auf die schrittweise Einbeziehung von Einzelfallanalysen innerhalb der vorgegebenen Stichproben der Primärstudien übertragen (Teil 1: 45 ff.)[16]. Die durch einen Wechselprozess induktiver und deduktiver Momente gekennzeichnete Vorgehensweise produziert im Rahmen der entstehenden Theorie ihre eigene Selektivität für die Richtung und Tiefe ihrer Entwicklung. Dabei erfahren die Begrifflichkeiten und Kategorien im Zuge ihrer Entwicklung und empirischer Überprüfung eine theoretische Sättigung, „wenn weder beim Verschlüsseln noch beim Analysieren neue Eigenschaften auftauchen und die gleichen Eigenschaften kontinuierlich festzustellen sind, wenn man die ganze Datenmenge durchforstet" (Glaser 1978: 42).

Die o. g. Stichprobenkriterien und deren Kombination bildeten dabei den Ausgangspunkt der Auswertung, weil sie unterschiedliche soziale und situative Problemkonfigurationen kennzeichnen, die systematisch analysiert und miteinander verglichen wurden.

In einem Extremfall zeigte sich dabei eine besonders große und daher Daten reduzierende Homogenität der Einzelfälle. Die Orientierungen und Handlungen gegenüber dem Arbeitsamt wiederholten sich mit geringen Abweichungen, weil die strukturellen Merkmale des Berufsgrundbildungsjahres/kooperativ (BGJ/K), einer zum damaligen Zeitpunkt bestehenden Übergangsmaßnahme, den überwiegend mit hohen Schulabschlüssen ausgestatteten Teilnehmern angesichts aussichtsreicher Arbeitsmarktperspektiven ähnliche Erwartungshaltungen und Umgangsweisen im Berufsfindungsprozess nahelegten (Teil 1: 157 ff.).

---

15   Weitere Möglichkeiten für die Verringerung des Aufwandes in der Auswertung ergaben sich aus weiteren methodologischen Überlegungen und methodischen Ideen, u. a. auch die heute vielfach in den Hintergrund getretene Nutzung des Diskurses (Teil 1: 57 f.).

16   Die theoretisch abgeleitete Frage „welchen Gruppen oder Subgruppen man sich als nächsten in der Datensammlung zuwendet" (Glaser 1978: 42) wurden im vorliegenden Fall nicht „in der der Datensammlung", sondern: innerhalb der bereits bestehenden, möglichst breiten Stichprobe beantwortet. Datenvielfalt und Datenreduktion stehen damit nicht im Widerspruch.

Ein weiterer Erkenntnisgewinn entstand im Zuge der Durchführung der Sekundäranalyse und der Erfahrung, dass das kumulative Gesamtergebnis von der *Ergänzungsfunktion der unterschiedlichen* Studien und der *Besonderheit der angewandten Interviewmethode* abhing (Teil 1: 168 ff.). Dabei ging es nicht um die Frage, welche der verschiedenen Verfahren als bestes Verfahren überhaupt zu kennzeichnen ist, sondern um deren Vor- und Nachteile im Zusammenhang der Arbeitsamtthematik und der Möglichkeit, sie zu kombinieren. Aufgrund der Erfahrungen mit den Daten konnten auch Erkenntnisse über die Nützlichkeit unterschiedlicher Interviewmethoden für die Sekundäranalyse im Sinne von detaillierten Prüfsteinen gewonnen werden. Es konnten idealtypisch zwei Interviewformen unterschieden werden:

Typus 1 als „grob strukturiertes Leitfadeninterview" (Teil 1: 168) mit einer anfänglich narrativen Frage zum Berufsfindungsverlauf und vorformulierten Nachfragen (auch) zum Arbeitsamt (Hamburger Projekt) oder einem differenzierten Fragenkatalog ohne ausformulierte Fragen zum Arbeitsamt, in den Interviews dennoch ad-hoc, aber eher seltene und wenig in die Tiefe gehende Nachfragen zu dieser Thematik (Dortmunder Projekt);

Typus 2 als Verfahren mit variabel einsetzbarem Leitfaden und systematischen Nachfragen (Münchner und Bremer Projekt). Die Kombination narrativer und dialogischer Kommunikationsstrategien erlaubten Aussagen zum Arbeitsamt sowohl auf der Grundlage subjektiver Relevanzsetzungen als auch aufgrund von Ad-hoc-Formulierungen der entsprechenden Leitfadenthematik sowie weitere vertiefende Nachfragen.

Das Antwortverhalten beim *Typus 1* zeichnet sich durch eher kurze Aussagen aus. Die relative Breite der Äußerungen zur Arbeitsamtthematik hängt von deren Bedeutung für die befragten Subjekte ab. Die Abhängigkeit der Interpretationsmöglichkeiten solcher eher als offen zu bezeichnenden Interviewformen von subjektiven Relevanzsetzungen aufgrund des geringer ausgeprägten Nachfrageverhaltens hat Vor- und Nachteile zur Folge:

Der Vorteil liegt in resümeeartigen Handlungsschilderungen, knapp formulierten Orientierungen und pointierten Bewertungen der Interviewten. Deren Bedeutung wird z. T. auch durch ähnliche Formulierungen bis hin zu Stereotypien in den Transkripten hervorgehoben, die im Auswertungsprozess die beteiligten Wissenschaftler für neue Sichtweisen jenseits voreingenommener Betrachtungsweisen sensibilisiert.

Als nachteilig erweist sich allerdings der Mangel in der Differenziertheit oder Spezifizierung der Explikationen aufgrund der oberflächlichen Exploration der Thematik, die tiefer gehende Analysen verhindert. Fehlinterpretationen, die durch den dabei häufig unklaren Situationsbezug verursacht werden können, konnten allerdings durch den kumulativ hergestellten Längsschnittcharakter der Sekundäranalyse vermieden werden.

Beispielsweise wurde die für die Schulzeit relevante Informationsfunktion des Arbeitsamtes weder zu Beginn der dualen Ausbildung noch ein oder drei Jahre nach Schulabschluss kaum thematisiert. Dagegen erbrachten die Interviews des Bremer Projektes, die während der Schulzeit geführt wurden, den Nachweis, dass Schulberater und das in der Schule verteilte Informationsmaterial eine subtile und effektive Wirkung auf die Befragten hatte. Die Erklärung dieses Phänomens besteht darin, dass nicht Gedächtnisprobleme, sondern die Relevanzsetzungen der Befragten die Ursache für dieses Antwortverhalten sind: Vom zeitlich unmittelbaren und lebenspraktischen Blickwinkel der Berufsfindungsresultate her gesehen ist die Beratungs- und Vermittlungsfunktion eben relevanter und drängt – gerade eben bei oberflächlicher Exploration – zeitlich zurückliegende Einflussgrößen in den Hintergrund.

Ob sich Interviewende auf die Relevanzsetzungen der Befragten stützen und die Möglichkeit von Nachfragen nicht nutzen, ist für die Beurteilung der Nützlichkeit von unterschiedlichen Interviewmethoden für die Durchführung von Sekundäranalysen bedeutsam. Nachfragen liegen eigentlich nahe, wenn man etwa folgende Antwort auf die Frage, ob es eine Berufsberatung gegeben habe, zur Kenntnis nimmt: „Berufsberatung nicht, wir hatten das in der Schule gehabt. Da ist einer, der mal so bei uns war" (Teil 1: 175, Zitat). U. a. warum der Befragte die Berufsberatung nicht in Anspruch genommen hat, welche Funktion der Schulbesuch eines Vertreters des Arbeitsamtes hatte und wie sie beurteilt wurde, bleibt daher unklar. Fehlende Nachfragen als Ausdruck einzelner Interviewfehler[17] tangieren dabei die Nützlichkeit der Daten weniger als die durchgängige Folge wissenschaftstheoretischer oder -pragmatischer Entscheidungen.

So können naturalistische Wissenschaftsauffassungen die Grundlage für methodische Prinzipien der Interviewführung bilden, möglichst wenig Einfluss der Interviewenden durch eher passives oder „neutrales" Verhalten auszuüben. Die daraus entspringende Extremform des Offenheitsprizips hat durchaus einen

---

17 Siehe etwa auch die Sinnunterstellungen, die einer Parteilichkeit zugunsten der Befragten entspringen (in der Ethnologie als „going native" bezeichnet), wodurch sich Nachfragen erübrigen (Teil 1: 178 ff.).

Vorteil darin, mit den zwar kurzen, aber breit gefächerten Antworten einem unbefangenen Interpreten Andeutungen von Problemfeldern zu geben, die in einer weiterer Interviewerhebung oder in Sekundäranalysen von Daten anderer Primärstudien, die einen größeren Detaillierungsgrad besitzen, exploriert werden können. Mangelnde Nachfragen können ihre Ursache aber auch in der Schwerpunktbildung bei der Forschungsfragestellung haben, wobei dann – vom Standpunkt der Theoriegewinnung gerade auch auf der Basis überraschender Ergebnisse nicht unproblematisch – Aussagen der Befragten ex ante als unbedeutsam und daher als nicht weiter zu sondieren erklärt werden.

Das Antwortverhalten beim *Typus 2* zeichnet sich durch eher längere Aussagen in Form von Erzählpassagen aus. Die Reaktion auf die erzählungsgenerierende Frage am Anfang enthält häufig ähnlich resümeeartige und relevanzabhängige Darstellungen von Orientierungen und Handlungen wie beim Typus 1. Sie bilden aber den Ausgangspunkt für die Entfaltung der Gesamtthematik der Berufsfindung, in der die spezifische Arbeitsamtthematik ihren systematischen Stellenwert durch entsprechende Nachfragen oder (notfalls) der Einführung dieser Thematik in das Interview besitzt.

Der Vorteil dieser Methode liegt einmal in den häufigen und umfangreichen narrativen Sequenzen. Sie erhöhen die Wahrscheinlichkeit, dass die Befragten das Arbeitsamtthema im Verlauf der Erarbeitung des Gesamtzusammenhanges der Berufsfindung leichter erinnern und als notwendigen Bestandteil von dessen Rekonstruktion schildern. Weiterhin thematisieren Befragte häufig einzelne Themen (so auch die des Arbeitsamtes) mehrfach[18] aufgrund unterschiedlicher Blickwinkel, die sich aus variierenden Situationsbezügen innerhalb eines Interviews oder zwischen unterschiedlichen Erhebungswellen des Panels[19] ergeben.

Mangelnde Nachfragen gibt es auch hier: Methodische Unerfahrenheit und Überbetonung des Offenheitsprinzips sind dabei die häufigsten Fehler. Hinzu kommen mangelndes Vorwissen oder Unkonzentriertheiten im Nachvollzug der Explikationen im Interview („Vorinterpretation"), das zur Ideenlosigkeit in den Nachfragen führt. Wie bei Interviewtypus 1 findet man auch hier problematische Wertungen und Parteinahmen gegenüber den Befragten. Befürchtungen zu großer zeitlicher Belastung der Befragten können zu Abkürzungsstrategien bei der Sondierung von Details führen. Damals ganz neu entdeckt wurde das para-

---

18 Diese Mehrfachthematisierungen geben damit auch den Interviewenden die Gelegenheit, ggf. versäumte Nachfragen nachzuholen oder Nachfragen zu tätigen, die der schrittweisen Aufklärung von unnachvollziehbar gebliebenen Gesichtspunkten oder Zusammenhängen dienen (vgl. dazu das Beispiel des Holzverarbeitungsmechanikers in Teil 1: 186 ff.).
19 Vgl. hierzu exemplarisch die Einzelfallskizze in Wachtveitl/Witzel (1985: 41 ff.).

dox erscheinende Phänomen, dass sich mit der zunehmenden Anzahl durchgeführter Befragungen die Nachfragehäufigkeit in den Interviews verringert. Das Projekt hat diesen negativen Effekt „Interviewersättigung" (Teil 1: 190) genannt, der durch den zunehmenden Wissenszuwachs im Verlauf der Erhebungsphase entsteht. Die Vorinterpretationen auf der Basis bereits erhobener Interviews geraten zu Vorurteilen gegenüber Explikationen im Interview. Interviewende setzen die Interpretationen etwa stereotypische Äußerungen als bekannt voraus. Sie sondieren daher nicht mehr den Gehalt dieser Explikationen, sodass dieser in der Auswertung nicht mehr überprüfbar wird.

3   Besonderheiten und Bedingungen qualitativer Sekundäranalysen

Die Sekundäranalyse birgt ein hohes wissenschaftliches Potenzial für die qualitative Forschung. Doch ist die Etablierung einer Kultur der qualitativen Sekundäranalyse mit verschiedenen Herausforderungen verbunden, die es zu lösen gilt: Zum einen bringt diese Forschungsstrategie Besonderheiten methodologischer sowie datenschutzrechtlicher Art mit sich, die in der wissenschaftlichen Debatte auch häufig als Einwände und Probleme formuliert werden. Zum anderen, wie auch die Erfahrungen des *GESIS-Datenarchiv für Sozialwissenschaften* in Köln, des britischen *ESDS Qualidata* und weiterer internationaler Archive zeigen, ist die Archivierung eine wesentliche Voraussetzung für eine „Data sharing"-Kultur in der Wissenschaft.

Im Folgenden werden zunächst die wesentlichen methodologischen Aspekte, die mit der Sekundäranalyse qualitativer Daten zusammenhängen, auf der Grundlage der entsprechenden Literatur skizziert (*Kap. 3.1*).

Mehr denn werden forschungsethische Fragen, die den Schutz der Persönlichkeitsrechte der beforschten Subjekte betreffen, in der qualitativen Sozialforschung diskutiert – so auch im Zusammenhang mit der Sekundäranalyse. Wir haben uns dazu entschieden, diese Frage etwas grundlegender anzugehen und ihr im vorliegenden Buch einen größeren Raum zu geben (als vielleicht für ein Unterkapitel üblich). *Kapitel 3.2* stellt in unseren Augen eine gelungene Darstellung und Lösung der datenschutzrechtlichen Gesamtproblematik dar.

Auf dieser Grundlage können sowohl Forschende als auch Datenserviceeinrichtungen mittels qualitativer Verfahren erhobene Daten für ihre Nachnutzung archivieren und bereitstellen. Eingebettet in die internationale (insbes. europäische) und aktuell voranschreitende Entwicklung von qualitativen Archiven wird dem Leser bzw. der Leserin in *Kapitel 3.3* eine knappe Darstellung der derzeitigen Archivsituation in Deutschland geboten.

3.1 Methodologische Prämissen

Gegenüber einem konventionellen Forschungsprozess zeichnet sich die Sekundäranalyse vor allem dadurch aus, dass der Prozess der Datenauswertung und -interpretation vom Prozess der Datenerhebung entkoppelt ist (Klingemann/ Mochmann 1975). Diese Entkopplung geht mit einigen methodologischen Implikationen einher. So werden „Daten" nicht als objektive und im Feld vorzufindende Entitäten verstanden, sondern als soziale und kontextuell eingebettete Produkte. Dies gilt insbesondere für qualitative Erhebungsverfahren, in denen die soziale Situation, d. h. die intersubjektive und interaktive Beziehung zwischen forschendem und beforschtem Subjekt, von tragender Bedeutung ist.

3.1.1 Die methodologische Diskussion

Die Sekundäranalyse unterstellt, dass Daten auch außerhalb ihres unmittelbaren Erhebungskontextes ausgewertet und interpretiert werden können. Diese Annahme ist jedoch nicht unumstritten und bietet die Grundlage für eine methodologische Diskussion, die zum Teil stark polarisiert geführt wird.

Die prominenteste Kritik an der Machbarkeit der Sekundäranalyse stammt von Mauthner, Parry und Backett-Milburn (1998). Gestützt auf eigene sekundäranalytische Versuche stellen sie die (über historische und methodologische Untersuchungen hinausgehende) erneute Nutzung qualitativer Daten prinzipiell in Frage. Da es unmöglich sei, den ursprünglichen Status, den die Primärforscher/innen hatten, wieder herzustellen, sei die Sekundäranalyse unvereinbar mit einer interpretativen und reflexiven Epistemologie (a. a. O.: 742 f.). Andere Autoren sind dagegen der Auffassung, dass der Nachvollzug kontextueller Effekte weniger ein epistemologisches als ein praktisches Problem sei, das sich auch in Primäranalysen stelle. Qualitative Forscher und Forscherinnen hätten häufig mit unvollständigen (Hintergrund-) Informationen umzugehen und abzuwägen, inwieweit ein Aspekt tatsächlich belegt werden könne oder doch verworfen werden müsse (Fielding 2004: 99). Eine zweite Form der Replik auf Mauthner et al. (1998) kritisiert deren Verharren in einem Verständnis von Kontext, der statisch und fix in der Vergangenheit angesiedelt werde. Moore (2006) verweist darauf, dass Forschende in der Auseinandersetzung mit den Daten diese immer auch in einen eigenen Kontext *setzen*. Daher sei es nicht das Ziel, das originäre Forschungsprojekt und den ursprünglichen Status, den die Primärforscher/innen hatten, vollständig nachzubilden. Vielmehr sei die Sekundäranalyse als neuer Prozess der Rekontextualisierung und Rekonstruktion von Daten zu verstehen.

Diese Diskussion reflektiert darauf, dass die Kontextsensitivität (oder auch Berücksichtigung der „Indexikalität", Garfinkel 1973) einen Grundpfeiler qualitativer Forschung darstellt. Die Einsicht in die Kontextabhängigkeit einer sprachlichen Äußerung oder einer Handlung eint alle qualitativen Forschungsansätze und berührt einen wichtigen Punkt im Selbstverständnis dieser Forschungstradition (historisch als Durchsetzungs-„Kampf" gegenüber dem sog. „normativen Paradigma" geführt, vgl. Wilson 1973). Hinzu kommt, dass qualitative Forschung häufig damit verbunden wird, sich persönlich ins Feld zu begeben, um mit Kontextwissen aus „erster Hand" die anschließende Analyse und Interpretation der Daten leisten zu können.

Das Problem an der Kontextdebatte ist, dass der Begriff „Kontext" – trotz formaler Einheit – entsprechend der Vielfalt qualitativer Ansätze recht unterschiedlich verstanden wird und innerhalb einiger Traditionen eher durch die Praxis definiert zu sein scheint, als dass eine formale Definition existiert (Goodwin/Duranti 1992: 2). Ausgehend von der Annahme, dass Sekundäranalysen grundsätzlich machbar sind, nahmen einzelne Wissenschaftler/innen den „Kontext-Einwand" oder ihre eigenen sekundäranalytischen Erfahrungen zum Anlass, genauer zu beleuchten, wie (unterschiedlich) Kontext definiert ist, in welcher Form er sich äußern kann und welche Instrumente dementsprechend im Rahmen einer Sekundäranalyse relevant werden, um Kontextinformationen zugänglich zu machen[20] (grundsätzlich: Van den Berg 2005; Bishop 2006; anwendungsbezogen: Corti 2006; Gillies/Edwards 2005; Goodwin/O'Connor 2006; Temple/Edwards/Alexander 2006).

3.1.2   Zugang zu Kontextinformationen

Auf der Ebene der einzelnen Interaktion sollte zuallererst der Zugang zu den „Daten selbst" gegeben sein. In qualitativen Auswertungsverfahren wird der

---

20 Die Frage nach entsprechend hilfreichen Mitteln stellt sich jedoch nicht erst oder ausschließlich bei einer Sekundärnutzung, sondern im Prinzip bereits während der Untersuchung selbst. Vor jeder Interpretation steht die Aufzeichnung, Aufbereitung und Dokumentation der Daten und ihrer Entstehungsbedingungen (vgl. z. B. Flick 1999: 186 ff.). Gerade wenn mehrere Forschende beteiligt sind und nicht jedes Mitglied des Forschungsteams persönlich in die Feldarbeit bzw. in jeder Erhebungssituation involviert war, gilt es, sich auf gute Transkriptionen und Dokumentationen in Kontextprotokollen, Feldnotizen oder Forschungstagebüchern zu verlassen.

Fallanalyse ein zentraler Stellenwert eingeräumt. Auch in Studien, die allgemeine Aussagen auf der Grundlage von vielen Fällen entwickeln, dient die Rekonstruktion des Einzelfalls in der Regel als Ausgangspunkt. Diese Interpretation setzt den Fokus auf den Kontext, den die Beteiligten durch die wechselseitige Bezugnahme aufeinander in der Interaktion selbst erzeugen *(kommunikativer Kontext der Konversation)*. D. h. entscheidend ist, wie die Beteiligten das Gespräch führen. Die detaillierte Arbeit am einzelnen Fall erfordert den Zugriff auf Aufnahmen und/oder das Gespräch möglichst präzise erfassende Transkripte; die Einbettung einer einzelnen Sequenz in den Gesamtverlauf der Interaktion oder einer einzelnen Äußerung in den Kontext einer längeren Erzählung erfordert die Vollständigkeit von Aufnahme oder Transkript.

Darüber hinaus werden Metainformationen über das Gespräch als soziale Situation *(situationaler Kontext)* relevant. Eine Interaktion und ihre Akteure sind stets verortet in Raum und Zeit, d. h., dass das unmittelbare Setting bedeutsam sein kann: Soziale Interaktionen können etwa zu unterschiedlichen Tageszeitpunkten unterschiedlich verlaufen. Ebenso können räumliche Bedingungen das Gespräch beeinflussen oder selbst empirisches Material für die Forschungsfrage liefern (z. B. Wohnsituation der Befragten). Ferner mögen die Beteiligten ein gemeinsames Hintergrundwissen haben, das die Interaktion rahmt und von Bedeutung ist, aber nicht explizit im Gespräch artikuliert wird. Beispiele hierfür wären: Merkmale der Beteiligten wie Alter, Geschlecht, Ethnie, soziale Klasse; Informationen über relevante Dritte oder die Anwesenheit Dritter sowie weitere Informationen über die Beziehung zueinander, die etwa durch die Art der Kontaktaufnahme und die Bedingungen, unter denen das Gespräch zustande gekommen ist, beeinflusst wurde (Van den Berg 2005). Derartige Informationen können über Feld- oder Interviewnotizen (sog. „Postskripte", Witzel 1982, 2000b) für die Sekundäranalyse zugänglich sein.

Soziales Handeln – und damit auch die Erhebungssituation – findet immer in einem institutionellen, kulturellen, sozio-politischen und historischen Kontext statt. Dieser *extra-situationale Kontext* (oder auch *„Makro"-Kontext*) meint ein Hintergrundwissen, das über das lokale Gespräch und sein unmittelbares Setting hinausgeht. Doch auch dieser Kontext ist kein objektiver Satz von Umständen, der getrennt von den sozialen Akteuren vorliegt, sondern es geht um diejenigen Bestandteile des äußeren Kontextes, die sich empirisch manifestieren bzw. von den Beteiligten in der Interaktion tatsächlich aufgriffen werden. Wenn eine Studie sich etwa für bestimmte soziale Fragen und politische Debatten interessiert, ist es für die Sekundäranalyse von hohem Wert, diese Verknüpfung auch nachvollziehen zu können (z. B. über „graue Literatur", Bishop 2006).

Nicht selten werden qualitative Daten in Kontexten erhoben, die durch eine *lokale Kultur* (Holstein & Gubrium 2004) charakterisiert sind. Dies kann beispielsweise eine Praxis oder (Fach-) Sprache sein, die innerhalb einer Institution, einer sozialen oder beruflichen Schicht oder eines geografischen Gebiets geteilt werden. Für Sekundäranalysen kann es daher entscheidend sein, den Zugang zu Dokumentationen zu haben, die die Daten in dieser elementaren Weise erst verständlich machen (z. B. Glossar eines Fachvokabulars).

Bishop (2006) ergänzt „*Projekt*" als besonderen Teil der Situation, weil Forschungsprojekte spezifische Kontextmerkmale als eigenes Subset des Gesamtsettings einschließen. Heruntergebrochen auf die einzelne Situation bedeutet dies, dass Forschende einen (projekt-) spezifischen Erhebungskontext *produzieren*, vor dessen Hintergrund sich Feldinteraktionen vollziehen. Dies umfasst die methodischen Entscheidungen (wie die Wahl der Erhebungsmethode, des Forschungsdesigns), die theoretischen Vorannahmen, den institutionellen Hintergrund etc. Aufgrund der Kürze und Präzision, die Fachzeitschriften und Verlage erfordern, bieten die in Publikationen üblichen Kapitel zu Methodik und Durchführung einer Untersuchung keine ausreichende Erläuterung der methodischen Details. In Ergänzung sollte auf weitere (meist unveröffentlichte) Projektdokumente zurückgegriffen werden, die die wesentlichen Informationen über das Forschungsprojekt enthalten (wie z. B. Anträge, Berichte, Leitfäden, Arbeitspapiere, Forschungstagebücher, Memos; zu den Bestandteilen einer Dokumentation s. auch: Steinke 1999: 208-214).

3.1.3   Analysepotenzial der Daten

Eine Grundprämisse der Sekundäranalyse ist, dass den im Rahmen eines spezifischen Forschungsprojekts erhobenen Daten genügend Potenzial innewohnt, um weitere Forschungsfragen zu bedienen. Die bislang veröffentlichten Beispiele zeigen, dass eine grundlegende Skepsis hinsichtlich des sekundären Analysepotenzials qualitativer Daten unbegründet ist (Medjedović 2007). Aufgrund der Offenheit (Hoffmann-Riem 1980) ihrer Erhebungsmethoden zeichnen sich qualitative Daten durch einen inhaltlichen Reichtum aus, der in einer ersten Analyse häufig unausgeschöpft bleibt und die Anwendung neuer Perspektiven fördert.

Die Nutzbarkeit von Daten hängt wesentlich mit ihrem Informationsgehalt zusammen. Auf einer allgemeinen Ebene bestimmt sich dieser durch die *Qualität* der Daten (-erhebung), also zum einen durch die Qualität des Erhebungsinstruments und zum anderen durch die Qualität der durch dieses Instrument erhaltenen Daten (Bergman/Coxon 2005). Für Sekundäranalysen muss also beurteilt werden, ob bei vorliegenden Daten die dem Gegenstand angemessenen Methoden ausgewählt und diese valide umgesetzt wurden und ob die auf den Gegenstand bezogenen Sicht- oder Handlungsweisen der Untersuchten in einer angemessenen Tiefe in den Daten repräsentiert sind[21].

Die Qualität der Daten vorausgesetzt bleibt zu prüfen, ob eine *Passung* der Daten für die konkrete Sekundäranalyse gegeben ist. Hierfür ist entscheidend, dass das Thema der Sekundäranalyse in der Originalstudie abgedeckt ist und deren Methoden die Analyse nicht einschränken.[22]

Erfahrungen mit Sekundäranalysen zeigen auf der einen Seite, dass thematische Ausrichtung und Fokussierung der Primäruntersuchung sowie Differenzen in der Methodik der jeweiligen Sekundäranalyse Grenzen setzen können (vgl. exemplarisch Dargentas/Le Roux 2005: Bsp. 1; Hinds/Vogel/Clark-Steffen 1997: Bsp. 1). Auf der anderen Seite existieren spezifische Umgangsweisen mit dem Problem der Datenpassung: Zum einen gestalten Sekundärforscher/innen ihren Datensatz *passend* im Sinne eines Sortierens (statt Sampling)[23], indem gezielt zur Fragestellung geeignete Teile des Datensatzes für die Analyse herausselektiert und neu zusammengestellt werden, etwa durch die Auswahl eines Sub-Samples, das Fokussieren auf eine bestimmte Gruppe von Befragten oder die Beschränkung der Analyse auf bestimmte Themen und Inhalte. Zum anderen lassen sich Grenzen in einem Datensatz durch Hinzuziehen weiterer Daten(sätze) überwinden (vgl. Beispiel in Kap. 2; sowie Heaton 2004: 59 f.).

Die Sekundäranalyse verlangt nicht weniger Kenntnisse, Sorgfalt und Sensibilität als der primäre Forschungsprozess. Die Herausforderung besteht darin, sich mit der Natur der vorliegenden Daten, ihren Erhebungsmethoden und deren

---

21 In die dieselbe Richtung zielt die Empfehlung auf eine Offenheit des angewandten Interviewverfahrens zu achten, die genügend Raum für Narrationen ermöglicht (Hinds/Vogel/Clark-Steffen 1997).

22 Einige Autorinnen und Autoren formulieren die Nähe der Fragestellungen und der Methoden zwischen Primär- und Sekundärstudie als gute Bedingungen für erfolgreiche Analysen (Thorne 1994, Hinds/Vogel/Clark-Steffen 1997; Heaton 2004): So ließen Fragen zu gleichen oder in nahem Bezug stehenden Phänomenen einen höheren Grad an Tiefe und Detailliertheit für die Analyse vermuten.

23 Ähnlich wie es Klingemann und Mochmann (1975) für die Sekundäranalyse von (quantitativen) Umfragedaten beschreiben, wird hier nicht mehr der einzelne Datensatz sondern das einzelne Interview als die Einheit der Information angesehen. Diese „quasi-empirische Phase der Sekundäranalyse" ist das Äquiva-lent zur Phase des klassischen Sampling in der Erhebung, indem die Auswahlentscheidungen innerhalb der gegebenen Daten stattfinden und die ausgewählten Fälle zu einem neuen, „künstlichen Datenkollektiv" zusammengefasst werden (a. a. O.: 187)

Implikationen für die Analyse und Interpretation vertraut zu machen. Im Sinne einer praktischen Anleitung wurden in der quantitativen Forschungstradition Fragen formuliert, die im Rahmen einer Sekundäranalyse an die Daten gestellt werden sollten (Dale/Arber/Procter 1988; Stewart/Kamins 1993). Folgende Fragen können auch für qualitative Sekundäranalysen übernommen werden: Was ist die Zielsetzung der Studie und ihr konzeptioneller Rahmen? Welche Inhalte werden tatsächlich behandelt? Wie wurden die Daten erhoben (Methoden, Sampling)? Wann wurden die Daten erhoben (Aktualität)? Wer hat die Daten erhoben (Qualität)? (Vgl. auch „Assessment Tool" in Hinds/Vogel/Clark-Steffen 1997 sowie Heaton 2004.)

3.1.4   Verifikation und Validierung

Sekundäranalysen beruhen auf der Analyse von Daten, die für und im Rahmen eines ursprünglichen Forschungsprojektes erhoben wurden. Damit enthält jede Sekundäranalyse sicherlich ein mehr oder weniger großes Moment des Nachvollzugs und der Prüfung der Primärstudie, auch wenn dies von den Sekundärforschenden nicht intendiert sein mag, weil sich ihre Forschungsfrage von der des Primärprojekts unterscheidet. Vor dem Hintergrund der in den letzten zehn Jahren verstärkt geforderten Transparenz von Forschung und ihren Ergebnissen (vgl. Kap. 1.4) gerät die Sekundäranalyse – in der speziellen Form als Re-Analyse[24] – als Instrument zur Validitätsprüfung ins öffentliche Blickfeld.

Die jüngste Diskussion in der deutschsprachigen qualitativen Forschung greift diesen Punkt auf. Angesichts eines verschärften Wettbewerbs um Forschungsgelder sieht Reichertz (2007) eine neue Notwendigkeit für die qualitative Forschung, ihre Anerkennung und praktische Relevanz im Wissenschaftsbetrieb zu behaupten. Die Archivierung und Bereitstellung für Sekundäranalysen sei in diesem Zusammenhang ein Instrument, um qualitative Forschung der intersubjektiven Nachvollziehbarkeit zugänglich zu machen und darüber wissenschaftliche Gütestandards qualitativer Forschung fest zu etablieren (a. a. O.: 200).

Nichtsdestotrotz kann gerade diese Forderung nach Transparenz für die als potenzielle Datengeber/innen angesprochenen Forscher und Forscherinnen eine nicht unwesentliche Hürde darstellen, ihre Daten für Sekundäranalysen bereit-

---

24   Unter Re-Analyse wird eine Sekundäranalyse gefasst, die die Daten erneut unter der gleichen Fragestellung analysiert.

zustellen und sie damit den prüfenden Blicken von Fachkollegen auszusetzen (vgl. Kap. 4.2.5; Corti 2000: 25; Medjedović 2007). Kritiker/innen befürchten außerdem eine unerwünschte Wirkung für die Qualität von Interviews und Forschung insgesamt, wenn Forscher/innen unter Antizipation einer Überprüfung von außen sich in ihrem Verhalten, ihren Äußerungen und ihrer emotionalen Beteiligung in der Erhebungssituation stärker kontrollierten und zurücknähmen (Parry/Mauthner 2004: 145 f.).

Das in beiden Positionen – d.h. von den Befürwortern als auch den Gegnern der Re-Analyse – unterstellte Validierungspotenzial der qualitativen Sekundäranalyse kann jedoch relativiert werden, im Wesentlichen aus zwei Gründen: Zum einen scheinen Re-Analysen bedenklich, wenn sie ein aus den Naturwissenschaften stammendes Ideal der Replikation auf die in den Sozialwissenschaften untersuchten sozialen und daher zu variablen Phänomene übertragen (Hammersley 1997). Zum anderen zeigt sich speziell für die qualitative Sozialforschung eine Formulierung und Einigung auf wissenschaftstheoretisch-methodologische Gütekriterien letztlich (noch) nicht ausgemacht (vgl. Diskussion in *Erwägen – Wissen – Ethik*, 18(2) sowie die *FQS*-Debatte „Qualitätsstandards qualitativer Forschung"[25]).

Entsprechend der Vielfalt qualitativer Forschungstraditionen werden unterschiedliche „Verifizierungs-Konzepte" formuliert (Heaton 2004: 65-70). Dennoch zeigen empirische Beispiele, dass Sekundäranalysen zwar wertvolle Hinweise auf methodologische Probleme der Primärstudie bzw. die Konstruktionsprozesse, die bei jeder Interpretation von Daten am Werk sind, geben können (Gläser/Laudel 2000; Savage 2005; Fielding/Fielding 2000), aber kaum geeignete Mittel zur „echten Falsifizierung" von Forschungsergebnissen sind. Vielmehr werden alternative oder neue theoretische Sichtweisen an den Daten entwickelt bzw. aufgedeckt, welche Themen in der Primäranalyse nicht erforscht wurden:

> Secondary analysis is less a matter of proving an analysis 'right' or 'wrong' than of identifying what themes it has not explored. (Fielding/Fielding 2000: 680)

---

25 http://www.qualitative-research.net/index.php/fqs/search/sectionDetails/Debatte%3A%20Qualit%C3%A4t

3.2 Datenschutz und die Archivierung von Daten der qualitativen empirischen Sozialforschung[*]

In Projekten der empirischen Sozialforschung werden Informationen und Daten gesammelt, deren Interpretation Basis wissenschaftlicher Analysen und Publikationen ist. Wie das Interesse in der sozialwissenschaftlichen Community zeigt, gibt es Forschungsdaten, die langfristig gesichert und für die weitere wissenschaftliche Nutzung bereitgestellt werden sollten. Ein solches Interesse hat seit den 1950er Jahren zur Einrichtung u. a. von Archiven für die quantitative empirische Sozialforschung und von Forschungsdatenzentren für Daten der amtlichen Statistik geführt.[26] Auch für qualitative Daten unterschiedlicher Herkunft entstanden in den letzten Jahren entsprechende Einrichtungen. Eine von ihnen ist das Archiv für Lebenslaufforschung (ALLF), welches in der letzten Finanzierungsphase des DFG-Sonderforschungsbereichs (Sfb) 186 an der Universität Bremen eingerichtet wurde.[27]

Neben der sozialwissenschaftlichen Community hat sich auch die Deutsche Forschungsgemeinschaft (DFG) zum Thema Archivierung von Forschungsdaten geäußert und in einer Denkschrift zur Sicherung guter wissenschaftlicher Praxis eine Aufbewahrungspflicht von 10 Jahren gefordert (DFG 1998: 12 f.) Hintergrund dieser Forderung ist die Möglichkeit einer Überprüfung von Forschungsergebnissen, um etwa unrichtige Darstellungen oder Fälschungen aufklären zu können.

Das Archiv für Lebenslaufforschung ist nun daran interessiert, seine Bestände um Ergebnisse anderer Forschungsvorhaben zu erweitern und die Datenbasis für die qualitativ arbeitende Forschung auszubauen. Hierzu wurde in einer Machbarkeitsstudie zur langfristigen Sicherung und Sekundärnutzung von qualitativen Daten festgestellt, dass es einerseits ein reges Interesse an einer Archivierung gibt – nur jeder zehnte Befragte schließt eine solche Sicherung seiner Ergebnisse aus –, andererseits jedoch vielfältige Bedenken, besonders auf for-

---

[*] Dieses Kapitel wurde von Oliver Watteler in Abstimmung mit ALLF – Irena Medjedović und Andreas Witzel – verfasst und für die Integration in den Gesamttext redaktionell bearbeitet.

26 Das ehemalige Zentralarchiv für empirische Sozialforschung, heute eine Abteilung von GESIS, besteht seit 1960. Forschungsdatenzentren der Statistischen Bundes- und Landesämter sowie des Instituts für Arbeitsmarkt- und Berufsforschung (IAB) entstanden nach intensiven wissenschaftlichen Debatten 2001 und 2004.

27 Es gibt eine Vielzahl von Disziplinen, die sich qualitativer Methoden bedienen. Unser Fokus liegt daher eher auf der Vorgehensweise bei der Datenerhebung als auf der inhaltlichen Ausrichtung der Forscher.

schungsethischer und methodologischen Ebene bestehen (vgl. Kap. 4; sowie Opitz/Mauer 2005; Medjedović 2007)[28]

Ein sehr wichtiges Thema ist der Datenschutz:

> Vor allem die Überlegungen bezüglich der Verantwortung des Forschers gegenüber den Untersuchungspersonen sind bedeutsam und lassen sich nicht pauschal lösen. Qualitative Daten sind sehr sensibel und geben nicht nur viele persönliche Details aus dem Leben der Untersuchungspersonen, sondern auch aus deren persönlichem Umfeld wieder. Des Weiteren stammen die Befragten in vielen Fällen aus eng begrenzten Populationen, so dass ihre Reidentifizierung auch mit wenig Zusatzwissen möglich wäre. (Opitz/Mauer 2005: Abs.15)

Kritiker der Sekundärnutzung vertreten die Ansicht, so die Autoren, dass sich Anonymisierung für qualitative Daten nicht gewährleisten lasse, ohne dass die Daten für eine sinnvolle Analyse unbrauchbar würden. Erfahrene Sekundärnutzer stellen bestimmte Anforderungen an Datenmaterial und legen sehr viel Wert auf eine Gewährleistung eben der Anonymisierung und Einhaltung des Datenschutzes. Vorzugsweise sollte sogar für die Weitergabe an Dritte eine Einwilligung der Interviewpartner vorliegen.

Was das Datenschutzrecht und die Beziehung zwischen Forschern und Untersuchungspersonen angeht, so steht der Forschungsfreiheit das Recht des Einzelnen auf informationelle Selbstbestimmung gegenüber. Beide sind als Grundrechte in der Verfassung festgeschrieben oder wurden durch die Auslegung des Bundesverfassungsgerichts (BVerfG) als solche genauer bestimmt.[29] Für den Fall, dass Grundrechte in Konflikt geraten, hat der Gesetzgeber Regelungen zu schaffen, die dem Grundsatz der „praktischen Konkordanz" entsprechen. Eine dieser Regelungen sind die inhaltlichen und formalen Anforderungen an rechtswirksame Einwilligungen in die Verarbeitung personenbezogener Daten. In diversen Gesetzen (u. a. Bundes- und Landesdatenschutzgesetze) wurden daher Voraussetzungen festgelegt, unter denen personenbezogene Daten für Forschungszwecke verarbeitet werden dürfen (vgl. Metschke/Wellbrock 2002: 9). Ferner ist in der Forschung seit längerem das Konzept des „informed consent" bekannt, welches die Entscheidung über eine freiwillige Teilnahme an Forschungsprojekten von ausreichender Information über das Vorhaben abhängig macht. Das Konzept wurde auch in diversen Regeln wissenschaftlicher Berufs-

---

28   Für mögliche Anwendungsbereiche archivierter Daten der qualitativen empirischen Sozialforschung siehe Kapitel 1 sowie Corti/Thompson (2004). Exemplarische Sekundäranalysen qualitativer Daten finden sich in Witzel/Medjedović/Kretzer (2008).

29   Siehe Artikel 2, Absatz 1, und Artikel 5, Absatz 3, des Grundgesetzes sowie das „Volkszählungsurteil" des Bundesverfassungsgerichts vom 15.12.1983 (BVerfG 65, 1).

verbände, wie denen der Deutschen Gesellschaft für Soziologie (DGS), aufgenommen.

Im vorliegenden Text soll nun geklärt werden, welcher Handlungsspielraum auf der Basis dieser Rechte und Pflichten für die Archivierung von qualitativen Forschungsdaten besteht. Da wir mit unserer Betrachtung über das individuelle Forschungsvorhaben hinausgehen und die mögliche Nutzung von Daten durch Dritte darstellen möchten, haben wir auf Anregung von Dr. Johann Bizer[30] einen dreistufigen Ablauf der Archivierung angenommen:

Stufe 1 stellt die Erhebung und Verarbeitung von Daten im Rahmen eines Forschungsvorhabens dar. Hierfür müssen wir zunächst klären, über welche „Daten" wir sprechen und wie deren Verarbeitung aus rechtlicher Perspektive aussieht. Wir gehen hier von begründbaren, legitimen Forschungszielen, der Transparenz des Ablaufs durch Veröffentlichung der Methoden und Ergebnisse sowie einer informierten Einwilligung zur Teilnahme aus.

Stufe 2 bildet den Kern unseres Interesses: die Archivierung von qualitativen Daten für wissenschaftliche Zwecke. Die zentrale Frage ist, unter welchen Bedingungen welche Informationen langfristig gesichert werden können. Aus Datenschutzsicht kommt hier der Anonymisierung oder Pseudonymisierung zentrale Bedeutung zu. Da es eine große Herausforderung darstellen kann, qualitative Daten faktisch zu anonymisieren, gibt es neben diesen datenmanipulierenden Verfahren weitere Maßnahmen zum Schutz der Informationen und somit der Untersuchungspersonen.

Stufe 3 stellt dann die Nutzung der archivierten Daten durch Wissenschaftler und wissenschaftliche Einrichtungen dar, die nicht ursprünglich Teil des Vorhabens waren, in dessen Rahmen die Daten erhoben wurden. Man spricht von Sekundärnutzung. Hierzu werden verschiedene Szenarien einer solchen Nutzung vorgestellt.

Abschließend beschreiben wir auf der Basis der einzelnen Schritte einen möglichen Archivierungsablauf. Es ist klar, dass dieser sich nicht auf alle möglichen Forschungsdaten der qualitativen Sozialforschung gleichermaßen beziehen kann und eine Prüfung der Daten im Einzelfall erforderlich erscheint. Der Ablauf soll in erster Linie als Entscheidungshilfe dienen.

---

30 Bis 2007 war Dr. Bizer Mitarbeiter des Unabhängigen Landeszentrums für Datenschutz des Landes Schleswig-Holstein. Er hat sich in der Vergangenheit intensiv mit der Verbindung von Forschung und Datenschutz auseinandergesetzt.

3.2.1 Phase 1 – Datenerhebung

Viele Disziplinen wie die Zeitgeschichte, Psychologie, Soziologie oder Medizin nutzen Interviewformen, bei denen die Datenerhebung weitgehend offen gestaltet wird. Unter Datenerhebung verstehen wir hier die Befragung von Personen, bei denen diesen Raum gegeben wird, sich möglichst frei, also etwa ohne stark strukturierendes Fragenprogramm zu äußern. Konzentrieren wollen wir uns auf diesen methodischen Aspekt.[31]

Ein wichtiger Punkt bei derartigen Daten aus qualitativen Projekten sind die teilweise engen Beziehungen, die zwischen Forschern und Befragten entstehen können und ggf. besondere Vertrauensverhältnisse begründen. Die Bedeutung dieser Verhältnisse wird in der erwähnten Machbarkeitstudie betont. Um vor einer Archivierung ihrer Daten die realen Risiken abschätzen und über entsprechende Schutzmaßnahmen entscheiden zu können, sollten Forscher möglichst immer eine professionelle Distanz zu den Forschungsergebnissen wahren. Dies bedeutet, dass ein enges persönliches Verhältnis noch nichts über das Risiko einer Identifizierung der Befragungsperson aus einer Gesprächsaufzeichnung sagen muss.

Viele Darstellungen des Forschungsprozesses beziehen auch forschungsethische Perspektiven mit ein (vgl. z. B. Hopf 2005 oder Kluge/Opitz 1999). Als praktische Umsetzung derartiger Herausforderungen kann man den Schutz der Daten sehen. Dies betrifft v. a. die ausreichende Information über das Forschungsvorhaben, die Freiwilligkeit der Teilnahme und die zweckmäßige Verwendung der Daten, sprich die Herstellung eines eingangs erwähnten „informed consent", also einer informierten Einwilligung der Teilnehmer.

Im Folgenden wollen wir den Prozess der Datenerhebung und -verarbeitung in drei Phasen unterteilen und uns jeweils das Vorgehen und die rechtlichen Bedingungen ansehen, unter denen sie erfolgen.[32]

---

31 Prinzipiell gilt das hier gesagte auch für Daten, die mit Hilfe anderer Methoden wie teilnehmender Beobachtung oder in experimentalen Settings entstanden sind und bei denen eine Einwilligung der Beteiligten vorliegt. Auf sie kann an dieser Stelle jedoch nicht im Einzelnen eingegangen werden.

32 Die grundlegende Arbeit für das Verhältnis zwischen Forschungsfreiheit und Datenschutz bildet, wenn auch nicht mehr in allen Teilen aktuell, immer noch Bizer (1992). Teilweise auf dieser Arbeit aufbauend bieten die beiden Datenschützer Rainer Metschke und Rita Wellbrock einen guten Überblick über den rechtlichen Rahmen und stellen ein sehr detailliertes Ablaufschema als Entscheidungshilfe für Forschungsprojekte aller Fachbereiche zur Verfügung (Metschke/Wellbrock 2002).

3.2.1.1 Vorbereitung der Datenerhebung – Auswahl der Untersuchungspersonen

Die qualitative Forschung ist „trotz der zunehmenden Bedeutung visueller Datenquellen wie Foto oder Film überwiegend eine Textwissenschaft", die „für die Mehrzahl ihrer (hermeneutischen) Interpretationsverfahren auf das Medium des Textes als Arbeitsgrundlage angewiesen" ist. (Flick/von Kardorff/Ines Steinke 2000: 24)[33] Als Quellen für die praktische Arbeit dienen in unserem Falle solche, die über Interviews gewonnen wurden. Ohne im Detail auf die verschiedenen Interviewformen einzugehen, haben wir es besonders mit Transkripten[34] sowie in geringerem Maße mit Audio- und Videoaufnahmen bzw. Fotografien zu tun, die sich auf das Leben einer Untersuchungsperson beziehen. Neben diesen Aufzeichnungen gibt es noch solche, die quasi auf einer höheren Ebene den Forschungsablauf beschreiben. Man spricht u. a. von Feld- oder Methodenberichten.

Forschungsdaten werden in der Regel in Projekten erhoben, die etwa über ihre Finanzierung zeitlich begrenzte Vorhaben darstellen. Von diesen Forschungsvorhaben ist die Forschung als Zweck der Datennutzung zu unterscheiden, da viele Projekte neben der Beantwortung einer bestimmten Forschungsfrage auch anderen Vorhaben, etwa Qualifizierungsarbeiten dienen. Diese können sich, wie auch Re-Analysen oder Sekundäranalysen der Daten unter weiterführenden Fragestellungen, zeitlich über das Projektende hinaus erstrecken. Eine solche, fast selbstverständliche Anmerkung ist wichtig, da das Datenschutzrecht in der Regel von der Forschung als einem Zweck spricht, den es der Verarbeitung personenbezogener Daten im Wissenschaftsbereich zu Grunde legt. Zweck und Vorhaben sind jedoch nicht deckungsgleich, da es sich bei dem u. a. im Bundesdatenschutzgesetz bestimmten Konzept der Forschung als Nutzungszweck um eine nicht zeitlich befristete Prämisse handelt.[35]

---

33 Zu den verschiedenen Methoden der qualitativen Forschung siehe das Kapitel 5 im gleichen Werk, S. 332-587.

34 Die „Konstruktion des Gegenstandes vollzieht sich über die Darstellung der Ergebnisse (...). Zur textlichen Repräsentation der Wirklichkeit gibt es kein kanonisierbares Verfahren." (Matt 2005: 579)

35 Vgl. Simitis (2006: §40 Rdnr. 72 f.). Vgl. auch das sog. „Hochschulurteil" des BVerfG, in dem von einer prinzipiellen Unabgeschlossenheit jeglicher wissenschaftlicher Erkenntnis und der Prozesshaftigkeit der Wissenschaft ausgegangen wird (BVerfG 35, 79, in: NJW 1973: 1176).

Ein Beispiel im Bereich der quantitativen Forschung ist das Sozio-Ökonomische Panel (SOEP)[36], welches vom Deutschen Institut für Wirtschaftsforschung (DIW) gerade zum Zweck einer langfristigen Betrachtung der gesellschaftlichen Entwicklung angelegt wurde. Würde man die jährliche Erhebung als Vorhaben bezeichnen, so wäre der Zweck mit diesem einen Vorhaben nicht erfüllt. Im Falle des SOEP haben viele Teilnehmer einer von den Interviewdaten getrennten Speicherung ihrer persönlichen Informationen für eine erneute Kontaktierung zugestimmt.

Ein weiteres Beispiel, welches eine stärkere zeithistorische Perspektive einschließt, ist die Betrachtung der ostdeutschen Gesellschaft nach dem Systemumbruch im Rahmen des Sfb 580 an der Universität Jena.[37] Hier wird deutlich, dass vorhandene Daten unterschiedlicher Herkunft (u. a. der empirischen Sozialforschung) mit zeitlichem Abstand zu historischen Quellen werden können.

Aus dem Bereich der qualitativen Forschung sind hier natürlich alle Projekte des Sfb 186 zu erwähnen, die fast ausnahmslos eine längerfristige Perspektive ihrer Untersuchungsgegenstände verfolgten. Ferner wurden hier qualitative und quantitative Daten erhoben.[38]

Bevor Personen befragt werden können, muss ihr Kreis in einem Auswahlverfahren, in der quantitativen Forschung auch Sampling genannt, näher bestimmt werden. Hierbei kann es zur Verarbeitung personenbezogener Informationen kommen, wenn Forscher mögliche Untersuchungsteilnehmer direkt ansprechen möchten.[39] Bei diesen Informationen handelt es sich in aller Regel um Kontaktinformationen, also Adressen und Telefonnummern.

Es kommt nun darauf an, welche Quelle mit Kontaktinformationen Forscher bei der Auswahl möglicher Untersuchungspersonen zu verwenden gedenken. Ist die Quelle frei zugänglich, wie z. B. ein öffentliches Telefonbuch, gibt es keine datenschutzrechtlichen Bedenken, da die hier verzeichneten Personen mit einem Anschreiben oder einem Anruf rechnen müssen. Möchte man den Personenkreis für eine Auswahl einschränken, wird man häufig auf Quellen zugreifen müssen,

---

36   Ausführliche Hinweise zum SOEP finden sich auf der Webseite des DIW: http://www.diw.de/soep (Zugriff: 25.01.2010).

37   Der 2001 ins Leben gerufene Sfb580 trägt den Titel „Gesellschaftliche Entwicklungen nach dem Systemumbruch – Diskontinuität, Tradition und Strukturbildung". Einen Überblick bietet die Webseite: http://www.sfb580.uni-jena.de/ (Zugriff: 25.01.2010).

38   Eine Übersicht über den Sfb 186 bietet Heinz (2000).

39   Unter personenbezogenen Daten versteht etwa das Bundesdatenschutzgesetz „Einzelangaben über persönliche oder sachliche Verhältnisse einer bestimmten oder bestimmbaren natürlichen Person (Betroffener)" (BDSG, §3, Abs.1). Anschriften und Telefonnummern gelten als personenbezogene Daten und werden auch als direkte Identifizierungsmerkmale bezeichnet.

die nicht frei zugänglich sind. Einrichtungen, die personenbezogene Daten verarbeiten, werden auch als datenhaltende Stellen bezeichnet. Hier können nun entweder die Verarbeitungsvorschriften der Datenschutzgesetze oder spezielle gesetzliche Verfahrensregeln greifen. Datenhaltenden Stellen, falls es sich um öffentliche Einrichtungen handelt, wird nach allen Datenschutzgesetzen die Weitergabe von personenbezogenen Daten zu wissenschaftlichen Zwecken erlaubt. Forscher müssen dann in aller Regel die Notwendigkeit der Datenverarbeitung darlegen.

Bei größeren quantitativen Erhebungen können die Informationen beim Sampling beispielsweise aus Melde- oder anderen Registern stammen, deren Daten durch spezielle Verfahrensregeln geschützt sind.[40] Auch in der qualitativen Forschung kann der Kontakt zu Untersuchungspersonen über Dritte, wie institutionelle Einrichtungen, erfolgen, die bei Cornelia Helfferich und anderen als „Gatekeeper" bezeichnet werden (dies. 2005: 155).[41]

Die Beachtung spezieller gesetzlicher und anderer Regelungen hängt damit zusammen, dass eine Verarbeitung von personenbezogenen Daten aus nicht frei zugänglichen Quellen in einem Forschungsvorhaben ohne direkte Einwilligung der betroffenen Personen erfolgen kann.[42] Hier ist zu beachten, dass die Regelungen in Spezialgesetzen den Datenschutzgesetzen vorgehen können. Man spricht vom so genannten Subsidiaritätsprinzip.[43] Gibt es keine spezielle Regelung, gelten die Bestimmungen der Landes- oder des Bundesdatenschutz-

---

40 Bei der Allgemeinen Bevölkerungsumfrage der Sozialwissenschaften (ALLBUS) wird z. B. regelmäßig ein Verfahren mit mehrfach geschichteter Zufallsauswahl verwendet, welches Zugriffe auf Einwohnermeldekarteien einschließt. Für derartige Gruppenauskünfte, welche durch das bundesweites Melderechtsrahmengesetz und 16 Meldegesetze der Bundesländer geregelt ist, braucht die Stelle, denen die Gemeinden Auskünfte erteilen, eine sog. Unbedenklichkeitsbescheinigung. Jeder Gemeinde ist das Forschungsvorhaben darzulegen und die Forschungseinrichtung vorzustellen. Vgl. zur Stichprobe aus Einwohnermelderegistern: Albers (1997).

41 Stichprobenziehung kann für die qualitative Forschung als inhaltlich-interpretatives Problem dargestellt werden, als „Definition der Grundgesamtheit für den Fall". Hierbei können z. B. extreme, typische oder kritische Fälle unterschieden werden. Siehe hierfür Flick/von Kardorff/Steinke (2000: 286 ff.) Zwei Beispiele für das konkrete Vorgehen bei qualitativen Befragungen finden sich in Schumann (2003: 35-66) und Shell Deutschland (2006: 243-246).

42 Metschke und Wellbrock nennen hier das Berliner sowie das Hessische Schulgesetz. Vgl. Metscke/Wellbrock (2002: 30 f.)

43 Das Bundesdatenschutzgesetz unterliegt rechtlich dem so genannten Subsidiärprinzip. D. h., dass ihm andere Gesetze vorgehen können, wenn in diesen Regelungen für die Verarbeitung personenbezogener Daten getroffen wurden. Dies ist der Fall etwa beim Bundesstatistikgesetz oder dem Sozialgesetzbuch. So unterliegen in der amtlichen Statistik die Daten des Mikrozensus dem Bundesstatistik- und nicht dem Bundesdatenschutzgesetz. Vgl. zum Subsidiärprinzip Tinnefeld/Ehmann/Gerling (2005: 169 sowie 272 ff.)

gesetzes. Die Verarbeitung personenbezogener Daten zu Zwecken der Forschung ist in allen 16 Landesdatenschutzgesetzen sowie im Bundesdatenschutzgesetz (BDSG) geregelt.[44]

Prinzipiell kann überlegt werden, ob ein Kontakt über die datenhaltende Stelle erfolgen soll. Somit würden keine personenbezogenen Daten an die Forscher
weitergegeben. Man spricht in diesem Fall von einer Adressmittlung (vgl.
Metschke/Wellbrock 2002: 590).

3.2.1.2   Kontakt und Befragung

Beim Kontakt zum möglichen Teilnehmer an einer Untersuchung greift das
Konzept des „informed consent".[45] Hierunter versteht man, dass den Personen
ausreichende Informationen über den Zweck der Datenverarbeitung, sprich das
Forschungsvorhaben zur Verfügung gestellt werden, ihnen die Freiwilligkeit der
Teilnahme zugesichert wird und sie auf der Basis der genannten Informationen
eine Entscheidung über eine Teilnahme treffen können. Liegen Einwilligungen
der Befragten zur Verarbeitung ihrer Daten zu Zwecken der Forschung vor, so
ist diese Verarbeitung rechtlich unproblematisch. Man spricht von ausgeübtem
informationellem Selbstbestimmungsrecht.

Das Prinzip des „informed consent" haben mehrere wissenschaftliche Be-
rufsverbände, u. a. die Deutsche Gesellschaft für Soziologie (DGS), als für ihre
Mitglieder verbindliche Vereinbarung formuliert.[46] Die Vereinbarungen können
als Explizierung gesetzlicher Regelungen für wissenschaftliche Zusammenhänge gesehen werden (vgl. auch Hopf 2005: 590)

Alle Landesdatenschutzgesetze und auch das Bundesdatenschutzgesetz verlangen prinzipiell die Schriftform bei der Einholung von Einwilligungen „soweit

---

44 Vgl. zu den wesentlichen Unterschieden der Landesdatenschutzgesetze zum BDSG auch
    Simitis (2006: §40, Rdnr. 88-94). Bei der Zulässigkeit der Verarbeitung handelt es sich hier
    um ein so genanntes Verbot mit Erlaubnisvorbehalt. Das bedeutet, dass die „Erhebung, Verar-
    beitung und Nutzung personenbezogener Daten (...) nur zulässig [ist], soweit dieses Gesetz
    oder eine andere Rechtsvorschrift dies erlaubt oder anordnet oder der Betroffene eingewilligt
    hat". (§4, Abs.1, BDSG)
45 Das Prinzip des „informed consent" hat seinen historischen Ursprung im sog. Nürnberger
    Kodex von 1946. Zur historischen Entwicklung des Prinzips und seiner Basis in der Medizin
    vgl. Faden/Beauchamp (1986).
46 Vgl. Ethik-Kodex, Abs. B, Satz 3: „Generell gilt für die Beteiligung an sozialwissenschaftli-
    chen Untersuchungen, daß diese freiwillig ist und auf der Grundlage einer möglichst ausführ-
    lichen Information über Ziele und Methoden des entsprechenden Forschungsvorhabens er-
    folgt." (Verfügbar über: http://www.soziologie.de/index.php?id=19, Zugriff: 26.01.2010)

nicht wegen besonderer Umstände eine andere Form angemessen ist", wie es in den meisten Gesetzestexten heißt (vgl. etwa § 4 Abs. 3 BDSG). Auf der Basis dieser Ausnahmen kann über das Recht auf informationelle Selbstbestimmung sowohl schriftlich als auch mündlich verfügt werden. Die Schriftform hat daher eine, so Metschke und Wellbrock, die Ausübung der Selbstbestimmung flankierende und sie schützende Garantiefunktion. Sie soll eine die Grundrechtsausübung sichernde verfahrensrechtliche Vorkehrung sein und kann Beweiszwecken dienen, die die Daten besitzende Stelle sichern (Metschke/Wellbrock 2002: 28).[47]

Eine mündliche Einwilligung und die besonderen Umstände, die ein Absehen von der Schriftform im Einzelfall angemessen erscheinen lassen, sollten in jedem Fall durch den Wissenschaftler in geeigneter Form dokumentiert werden. Dementsprechend kann es bei Telefoninterviews zulässig sein, die schriftliche Einwilligung durch eine ausdrückliche mündliche Einwilligung zu ersetzen und in der Interviewniederschrift zu vermerken.[48] Es stellt sich ferner die Herausforderung, eine Erklärung so zu formulieren, dass ihr Inhalt das Antwortverhalten nicht in besonderer Weise beeinflusst.[49]

Ein Absehen von der Schriftform ist in jedem Fall unzulässig, wenn eine bereichsspezifische Rechtsnorm ausschließlich die Schriftform der Einwilligung zulässt. Zwei Beispiele, in denen dies zutrifft, sind die bereits erwähnten Schulgesetze von Berlin und Hessen (hier § 5a Abs. 5 im Berliner und § 84 Abs. 2 im Hessisches Schulgesetz). (Vgl. Metschke/Wellbrock 2002: 30 f.)

Datenschutzerklärungen finden sich an verschiedenen Stellen. Der Arbeitskreis Deutscher Markt- und Sozialforschungsinstitute (ADM) etwa bietet Vordrucke auf seiner Webseite[50], Metschke und Wellbrock (2002, Anlage 1: 55 ff.) haben ihre Darstellung des Verhältnisses von Datenschutz und Wissenschaft um diverse Beispiele ergänzt, und Helfferich (2005: 178 ff.) bietet ebenfalls eine Vorlage.

---

47 Helfferich äußert Unverständnis über die Forderung nach einem schriftlichen Einverständnis, da durch dieses das Datenschutzproblem trotz Anonymisierungsmaßnahmen quasi durch die Hintertür wieder in das Forschungsvorhaben getragen wird (dies. 2005: 171 f.)

48 Hierzu wurde 1980 das sog. „Schweinoch Abkommen" zwischen dem Arbeitskreis Markt- und Sozialforschungsinstitute (ADM) und Datenschutzaufsichtsbehörden vereinbart. Vgl. Schweizer (1986). Siehe auch Häder (2009: 23-32), der auf die Datenschutzproblematik bei telefonischen Befragungen im Detail eingeht.

49 Zur Frage des Einflusses von „Datenschutzerklärungen" (Confidentiality Assurances) auf das Antwortverhalten von Befragten vgl. u. a. Singer/Hippler/Schwarz (1992) oder Singer (2004).

50 Der ADM hält Informationen zum Thema auf seiner Webseite http://www.adm-ev.de (Zugriff: 25.01.2010) unter der Rubrik „Datenschutz" vor.

3.2.1.3 Datenaufbereitung und Analyse

Nach Ende der Erhebung können dem Forscher also Daten vorliegen, deren Verarbeitung der Befragte zugestimmt hat und eventuell solche, die aus anderen Quellen erhoben wurden. Wir gehen hier davon aus, dass es sich um Kontaktinformationen handelt, die in der Regel nur dann weiter benötigt werden, wenn eine Folgebefragung geplant ist. Erlauben spezielle gesetzliche Regelungen oder entsprechende Datenschutzgesetze die Verarbeitung personenbezogener Daten zu Zwecken der Forschung, verlangen sie in der Regel deren Anonymisierung, sobald das Forschungsvorhaben es zulässt. Werden die Kontaktinformationen von den Interviews getrennt verarbeitet, wäre bereits ein wichtiger Schritt zu einer formalen Anonymisierung gemacht.

Daten der qualitativen Sozialforschung in Form verschriftlichter Dialoge enthalten regelmäßig Informationen über die Untersuchungspersonen. Anders als bei quantitativen Daten, finden sich Angaben wie Alter, Schulbildung oder Einkommen in der Regel hier jedoch nicht stark strukturiert und standardisiert etwa in Tabellen. Dies ist einer der Gründe der eine Anonymisierung der Abschriften so aufwendig machen kann. Schwach strukturierte Transkripte erschweren jedoch gleichzeitig eine systematische Suche nach konkreten Angaben, die eine Identifizierung des Befragten ermöglichen könnten.[51] Prinzipiell ist also zu prüfen, ob sich aus den Transkripten ein Personenbezug herstellen lässt. Dies ist von Bedeutung für eine spätere Archivierung. Auf die verschiedenen Formen der Anonymisierung und praktischen Maßnahmen zu deren Umsetzung gehen wir im folgenden Abschnitt ein.

Zum Thema der frühzeitigen Trennung von personenbezogenen Informationen von den für die Untersuchung benötigten Daten ist an dieser Stelle auch das so genannte Treuhändermodell (vgl. Bizer 1999) zu erwähnen. Einem Datentreuhänder können dabei die Funktionen der Anonymisierung, der Datenverknüpfung und -sicherung sowie der Datenhaltung und -bereitstellung zukommen. Er soll ein vertrauenswürdiger Dritter zwischen Forscher und Untersuchungsperson sein, die Verarbeitung der Daten durch ihn bedarf jedoch ebenfalls der Zustimmung des Betroffenen. Ein Beispiel für die erfolgreiche Umset-

---

51 Da das BDSG von Informationen in Dateien ausgeht, müsste geklärt werden, inwiefern die Forschungsergebnisse der gesetzlichen Definition folgen und z. B. automatisch durchsuchbar sind. Kann z. B. nicht wie in einer Datenbank nach bestimmten Informationen gesucht werden, bedeutet dies einen wichtigen Schutz der Person hinter den Informationen. Vgl. zur Bestimmung von Dateien auch Simitis (2006: §46 Rdnr. 9-31).

zung eines Treuhändermodells ist das Vorhaben QuaSi_Niere (vgl. Metschke/Wellbrock 2002: 43 f.).

3.2.2 Phase 2 – Archivierung

Die zentrale Herausforderung, der sich eine Archivierung von Daten der qualitativen empirischen Sozialforschung gegenüber sieht, ist die bereits angesprochene Tatsache, dass diese reichhaltige Informationen über das Leben der Untersuchungsperson und sein soziales Umfeld enthalten können. Haben die Befragten dem zugestimmt, können auch unveränderte Originalinterviews archiviert werden, wie im Fall des Archivs „Deutsches Gedächtnis" an der Fernuniversität Hagen. In der Regel sollte man jedoch damit rechnen, dass die Transkripte und andere Materialien in ihrem Inhalt verändert werden müssen, um eine Reidentifizierung der Individuen nur unter großen Anstrengungen möglich zu machen. In welchem Umfang dies zu geschehen hat, hängt von den Daten ab.

Rechtlich und forschungsethisch problemlos sind die Weitergabe faktisch anonymer Daten sowie solcher, in deren Weitergabe der Befragte eingewilligt hat. Im Bereich der qualitativen Forschung kann eine solche Anonymisierung jedoch einen erheblichen Arbeitsaufwand bedeuten. Von einigen Experten wird sogar bezweifelt, dass es überhaupt machbar sei (Vgl. z. B. Kluge/Opitz 1999, Hopf 2005 oder Opitz/Mauer 2005: 16 f.). Dies bedeutet, dass man für eine Archivierung und eine Nutzung durch Dritte über weiterführende Maßnahmen nachdenken muss, die eine rein wissenschaftliche Verwendung ermöglichen.

Nachdem wir daher im Folgenden darstellen, was wir unter Archivierung verstehen wollen und welche Stellung ein Archiv in der weiteren Verwendung von Forschungsdaten einnehmen kann, werden wir erneut auf die datenschutzrechtliche Situation eingehen und uns näher mit Anonymisierungs- und Schutzmaßnahmen für Daten befassen.

3.2.2.1   Was verstehen wir unter Archivierung?

Im Bezug auf Forschungsdaten bedeutet Archivierung in unserem Fall die langfristige Sicherung der Interviewdaten und der zugehörigen Materialien, deren
Dokumentation in einem katalogähnlichen System sowie das Angebot eines
solchen Informationspakets für die wissenschaftliche Sekundäranalyse. D.h.
Daten und Dokumente aus wissenschaftlichen Projekten werden für eine weitere
Analyse durch die Primärforscher bearbeitet, sodass die Analyse durch Dritte
problemlos möglich sein sollte.[52]

Zu den Dokumenten gehören Erhebungsinstrumente (z. B. Fragebögen, Interviewleitfäden), methodische Beschreibungen über den Ablauf und den Kontext der Datenerhebung und ggf. Darstellungen der primären Auswertung der
Daten im Rahmen des Forschungsvorhabens (Projektberichte, Dissertationen,
Aufsätze, etc.).

Langfristige Sicherung bedeutet hier die Schaffung von technischen und organisatorischen Voraussetzungen, um die dauerhafte Verfügbarkeit der digitalen
Daten[53] und aller Archivalien zu gewährleisten. Manchmal wird Archivierung
lediglich im Sinne der Sicherung verwendet. Ein solches Konzept greift jedoch
zu kurz, da eine Archivierung ohne die Möglichkeit der weiteren wissenschaftlichen Nutzung sinnlos ist.

Prinzipiell kann eine Archivierung durch den Primärforscher oder eine von
ihm unabhängige Einrichtung erfolgen, d.h. entweder hält der Forscher die Daten für weitere Verwendungszwecke vor oder er übergibt sie einer für solche
Zwecke geschaffenen Einrichtung. Für unsere Zwecke wollen wir vom zweiten
Szenario ausgehen.

Weltweit gibt es zahlreiche Archive, die qualitative Forschungsdaten im weitesten Sinne archivieren. Doch nur wenige tun dies fachlich beschränkt auf die
qualitative empirische Sozialforschung. Vorreiter dieses Typs von Einrichtun-

---

52   Hinweise zur sozialwissenschaftlichen Datenarchiven in Europa und weltweit bieten die
      beiden Organisationen CESSDA (Council of European Social Science Data Archives) und
      IFDO (International Federation of Data Organizations). Die Webseiten http://www.ifdo.org
      und http://www.cessda.org (letzter Zugriff: 25.01.2010) bieten viele Informationen auch zur
      Entstehung der sozialwissenschaftlichen Archivbewegung und den Perspektiven.
53   Digitale Daten können entweder von vornehrein vorliegen („born digital") oder entstehen
      durch Konvertierung. Beispiele sind Videointerviews, die auf Magnetkasetten vorliegen und in
      computermanipulierbare Formate überführt werden, oder Interviews auf analogen Audiome-
      dien wie Tonbändern, die mit Hilfe von Textverarbeitungssoftware transkribiert werden. Ma-
      schinengeschriebene Transkripte lassen sich nachträglich mit Hilfe von Scannern und Texter-
      kennungssoftware in sog. Digitalisate umwandeln.

gen ist sicherlich das britische Qualidata-Archiv, welches Teil des Economic and Social Data Service (ESDS) in Colchester, Essex, ist.[54]

3.2.2.2 Welche Maßnahmen stehen vor einer Archivierung?

Wir gehen davon aus, dass der Befragte einer Nutzung seiner Informationen zu wissenschaftlichen Zwecken zugestimmt hat. Eine solche Einwilligung kann bereits die Archivierung einschließen.

Im Bereich von Umfragen der quantitativen empirischen Sozialforschung und Erhebungen der amtlichen Statistik werden Daten vor einer Archivierung bzw. Bereitstellung etwa über Forschungsdatenzentren in aller Regel anonymisiert. Man kann formale, faktische und absolute Anonymisierung unterscheiden. Die formale Anonymisierung durch Trennung direkter Identifizierungsmerkmale wie Adressen von den Interviews wurde bereits angesprochen. Werden die Kontaktdaten nicht weiter benötigt, können sie gelöscht werden.

Die Interviews selbst können nun Angaben enthalten, welche unter gewissen Umständen einen Rückschluss auf die Person zulassen. Werden diese so reduziert oder verändert, dass „die Einzelangaben über persönliche oder sachliche Verhältnisse (...) nur mit einem unverhältnismäßig hohen Aufwand an Zeit, Kosten und Arbeitskraft einer bestimmten oder bestimmbaren natürlichen Person zugeordnet werden können" (BDSG, §3, Abs. 6), spricht man von faktischer Anonymität.

Werden die Daten so verändert, dass ein Personenbezug unter allen Umständen ausgeschlossen werden kann, sind die Daten als absolut anonym zu betrachten.

Im Umgang mit quantitativen Daten wurden in den vergangenen Jahrzehnten zahlreiche datenmanipulierende Verfahren entwickelt, die einen datenschutzrechtlich problemlosen Umgang mit den Informationen gewährleisten sollen.[55]

---

54 Seine Ausnahmerolle wird u. a. dadurch unterstrichen, dass der britische Economic & Social Research Council (2000) (vergleichbar mit der DFG in Deutschland) es zur Pflicht gemacht hat, von ihr finanzierte qualitative Forschungsdaten hier vorhalten zu lassen. Die Mitarbeiter von Qualidata, allen voran die Leiterin Louise Corti, haben in den vergangenen Jahren zahlreiche Artikel zum Thema der Archivierung qualitativer Daten publiziert (vgl. z. B. die Themenhefte des Forum Qualitative Sozialforschung: Corti/Kluge/Mruck/Opitz 2000, Corti/Witzel/Bishop 2005). Die Verpflichtung zur Abgabe bedeutet jedoch nicht, dass auch tatsächlich alle Studien übernommen werden. Bei rechtlichen Bedenken kann eine Archivierung auch unterbleiben (persönliche Auskunft Louise Corti sowie Corti/Day/Backhouse 2000: 31).

55 Vgl. grundlegend Müller/Blien/Knoche/Wirth (1991). Bender und Hilzendegen (1995) stellen exemplarisch die Maßnahmen zur Erstellung sog. Scientific Use Files, also faktisch anonymer

So können Antwortkategorien zusammengefasst (z. B. durch die Bildung von Altersklassen), Variablen mit regionalen Gebietsangaben vergröbert (z. B. Reduzierung von Gemeindekennziffern auf die Angaben zu Regierungsbezirken) oder Klartext- durch kategorisierte Angaben ersetzt werden (z. B. Berufe in ISCO-Codes[56] überführt).[57] Da es sich bei Transkripten qualitativer Interviews nicht um strukturierte Daten handelt, wie sie im Bereich der quantitativen Forschung vorliegen, erscheinen sie für derartige Bearbeitungsschritte eher bedingt geeignet.

Es ist daher sinnvoll, sich im Folgenden das Konzept der faktischen Anonymität noch einmal näher anzusehen und Maßnahmen darzustellen, die dazu beitragen, Daten der qualitativen Forschung für eine Sekundäranalyse anbieten zu können, ohne ihren Informationsgehalt soweit zu reduzieren, dass sie für eine weiter Nutzung unbrauchbar werden.

Metschke und Wellbrock bestimmen hinreichend oder faktisch anonymisierte Daten auf der Basis des BDSG als

> (…) personenbeziehbare (individualisierbare) Daten, bei denen das Risiko der Bestimmbarkeit infolge ihres Inhalts und ihres Verwendungskontextes so weit gemindert ist, dass dem Betroffenen das (Rest)Risiko einer Deanonymisierung zugemutet werden kann. (dies. 2002: 22).

Faktische Anonymisierung kann nach Tinnefeld und Ehmann auch als ökonomisches Konzept verstanden werden:

> Ein entscheidendes Kriterium dafür, ob personenbezogene Daten noch einer Bezugsperson (faktisch) zugeordnet werden können, ist die Frage nach dem Verhältnis von Kosten und Aufwand zu dem zu erwartenden wirtschaftlichen Wert der reidentifizierten Daten. Als anonymisiert können Daten dann gelten, wenn der notwendige Aufwand bei der Neubeschaffung von Informationen für einen möglichen Angreifer geringer ist, als der Aufwand für ihre Reidentifizierung, und somit eine solche nicht zu erwarten ist. Aus diesem Grund muß jeweils eine am Einzelfall orientierte Abschätzung des 'Reidentifizierungsrisikos' vorgenommen werden. (dies. 1998: 187)

Mit anderen Worten, gäbe es einen einfacheren oder „preiswerteren" Weg, an bestimmte Informationen zu gelangen, so gerieten die Forschungsdaten vermutlich aus dem Auge des „Angreifers". Diese Informationsalternativen trügen

---

Forschungsdatensätze aus Daten des Instituts für Arbeitsmarkt- und Berufsforschung (IAB) dar. Eine Vielzahl von Informationen zur Anonymisierung derartiger Mikrodaten bietet das German Microdata Lab (GML) der GESIS in Mannheim.

56   ISCO steht für International Standard Classification of Occupations.
57   Einen Überblick über verwendete Verfahren, die anhand von amtlichen Mikrodaten dargestellt werden, bieten Doyle/Lane/Theeuwes/Zayatz (2001).

dann zum Schutz der Daten bei. Wie konkrete Anonymisierungsmaßnahmen im Bereich der qualitativen Sozialforschung aussehen können, soll an drei Beispielen verdeutlicht werden.

Henning Pätzold (2005) von der TU Kaiserslautern geht bei der Sekundärnutzung von Audiodateien davon aus, dass Tonaufzeichnungen als primäre Quelle qualitativ arbeitender Forscher zunehmend an Bedeutung gewinnen. Die beiden Methoden, deren Anwendung Pätzold kritisch beleuchtet, sind die akustische Verfremdung von Audiodateien durch den Einsatz sog. Vocoder Software[58] sowie durch die Manipulation der Tonhöhe. Erster Schritt beim Einsatz der Vocoder Software ist die Entfernung aller personenbezogenen Daten, die Rückschlüsse auf die interviewte Person zulassen. Die Alternative hierzu wäre das, was auch er mit dem Begriff „faktische Anonymisierung" bezeichnet, nämlich das Ersetzen von personenbeziehbaren Informationen durch Alternativtext.[59] Pätzold betont den hohen Aufwand der von ihm beschriebenen Maßnahmen, geht jedoch davon aus, dass die vorgestellten technischen Mittel es erlauben,

(…) Audiodaten in einem Umfang zu anonymisieren, der im Zweifelsfall kaum mehr Rückschlüsse auf die Interviewten zulässt als eine sorgfältig verschriftlichte und anonymisierte Quelle. Insofern bieten sie auch ohne den Aufwand der Herstellung von Transkripten sehr weitgehende Möglichkeiten der Sekundäranalyse. (a. a. O.: 20)

Denise Thomson, Lana Bzdel, Karen Golden-Biddle, Trish Reay und Carole A. Estabrooks (2005) haben sich im Projekt „Knowledge Utilization and Policy Implementation" (KUPI) u. a. mit der Anonymisierung von Textquellen befasst. Kern des Projektes war eine erneute Analyse qualitativer Daten aus verschiedenen kanadischen Forschungsvorhaben. Die Autorinnen identifizieren vier Hauptfragen, deren Beantwortung ihnen als Leitlinien für ihre Anonymisierungsbemühungen galt:

1. Was sind die Alternativen zur Anonymisierung?
2. Was bedeutet Anonymisierung im Zusammenhang mit der Sekundärnutzung qualitativer Daten?
3. Wie können Forscher am besten bei einer solchen Anonymisierung vorgehen?

---

58 Hierbei wird die digitalisierte Tonaufzeichnung inhaltlich verändert.
59 Als Beispiel nennt Pätzold das Ersetzen einer „Firma Schmidt" durch die Erläuterung „Unternehmen der Bekleidungsbranche" (a. a. O.: 6).

4. Was ist „genug" Anonymisierung?

Uns interessieren vor allem die letzten drei Fragen. Zu Frage 2 bemerken die Forscherinnen, dass das typische Vorgehen bei der Anonymisierung zunächst in der Entfernung direkter Identifizierungsmerkmale liege. Angaben könnten etwa durch Pseudonyme ersetzt werden. Das zentrale Problem sei natürlich der Verlust von Informationen.

Für die Beantwortung der dritten Frage entwickelte das KUPI Team ein Protokoll für einen ersten Anonymisierungslauf von qualitativen Daten, welches aus vier Schritten besteht und u. a. auf dem „Process Guide" des bereits erwähnten Qualidata-Archivs beruht:

a) der Ersetzung von Informationen, die als direkte Bestimmungsmerkmale ausgemacht werden können,

b) die Kontrolle der so bearbeiteten Texte durch dritte Personen aus dem Team, die eventuell weitere Merkmale ausmachen,

c) Korrekturlesen der so veränderten Texte und

d) die Erstellung einer Datenbank, die die verwendeten Pseudonyme und beschreibenden Termini enthält.

Auf die Frage vier, was denn „genug" Anonymisierung sei, können die Autorinnen keine definitive Antwort geben. Ihre Schlussfolgerung ist, dass diese Frage die praktischen und ethischen Themen rund um die Anonymisierung beleuchten: „... researchers are required to consider the nature of harm that could accrue to participants if identification occurs" (a. a. O.: 27).

Mitarbeiter/innen des Archivs für Lebenslaufforschung (ALLF) haben ein Pseudonymisierungskonzept[60] für archivierte Transkripte erstellt.[61] Ziel ist es, dass

> (...) nicht nur die Namens- und Ortsangaben zu den befragten Personen verändert werden, sondern auch jegliche personenbezogenen Angaben von Dritten bzw. über Dritte, die zu einer Reidentifizierung der befragten Person führen könnten. Dazu gehörte auch das Verändern der Namen von Institutionen. Für besonders kritische Textpassagen oder sogar Einzelfälle sollte

---

60 Unter Pseudonymisierung versteht man nach BDSG (§3, Abs. 6a) „das Ersetzen des Namens und anderer Identifikationsmerkmale durch ein Kennzeichen zu dem Zweck, die Bestimmung des Betroffenen auszuschließen oder wesentlich zu erschweren."

61 Archiv für Lebenslaufforschung (o.J.). Kurzdarstellung des Anonymisierungskonzepts des Archivs für Lebenslaufforschung. Vgl. auch Kluge/Opitz 1999.

sich vorbehalten werden, diese eventuell komplett zu löschen. (Archiv für Lebenslaufforschung o.J.: 1)

Es wurde ein Pseudonymisierungsschlüssel entwickelt, der mit einer Datenbank verbunden ist und eine einheitliche Ersetzung von Informationen über verschiedene Interviews erlaubt. Für einen Nutzer, der keinen Zugang zu dieser Datenbank hat, können die so bearbeiteten Transkripte als anonym angesehen werden. D. h. wesentlich für die Abschätzung eines Reidentifizierungsrisikos ist der Zugang zu den Informationen über die Pseudonyme. Sind diese nicht frei zugänglich und z. B. bei einem Datentreuhänder untergebracht, trägt dies zum Schutz der Daten bei.

Ein Beispiel für einen möglichst weitgehenden Erhalt des Informationsangebots bietet schließlich das Archiv „Deutsches Gedächtnis" an der Fernuniversität Hagen[62], welches vor der Erhebung der Daten bereits ein Einverständnis für eine nicht oder nur formal anonymisierte Nutzung der Informationen für die Forschung vereinbart. Die interviewten Zeitzeugen stimmen dabei einer Nutzung ihrer Videos für Sekundäranalysen ausdrücklich zu. Diese Nutzung erfolgt ausschließlich vor Ort. In diesem Falle entsteht durch die Identität von Archiv und Primärforscher jedoch eine besondere rechtliche Situation.

Metschke und Wellbrock (2002: 22) gehen davon aus, dass ein im Einzelfall zu hohes Risiko einer Deanonymisierung unter Umständen durch zusätzliche technische und organisatorische Maßnahmen verringert werden kann.[63] Sie

---

62 Archiv „Deutsches Gedächtnis" an der Fernuniversität Hagen:
    http://www.fernuni-hagen.de/geschichteundbiographie/deutschesgedaechtnis/
    (Zugriff: 25.01.2010). Vgl. auch die Darstellung von Almut Leh (2000) zu Problemen der
    Archivierung in dieser Einrichtung.
63 Vgl. auch die entsprechende Passage in Bizer (1992: 152-155 sowie Kapitel 11 (das.: 214-
    239). Bizer führt in seiner Dissertation insgesamt 18 Maßnahmen und Rechte auf, die er als
    „mögliche Vorkehrungen" bezeichnet, „mit denen die Eingriffe in das Selbstbestimmungsrecht
    abgefedert und für den Betroffenen zumutbar werden können" (das.: 214). Hierbei handelt es
    sich um eine Liste von teilweise komplementären und sich teilweise ausschließenden Vorge-
    hensweisen. Werden Daten z. B. frühzeitig gelöscht (Punkt 2), dann können alle anderen
    Maßnahmen unberücksichtigt bleiben. Interessanterweise spricht er auch ein mögliches For-
    schungsdatengeheimnis an und bemerkt, dass ein „solches Geheimnis (…) verfassungsrecht-
    lich unproblematisch [ist], wenn es eine bestehende Vertrauensbeziehung zwischen Forscher
    und Betroffenen absichert. Dies gilt vor allem für Fälle, in denen die Daten mit Einwilligung
    des Betroffenen erhoben worden sind" (das.: 234). Hinter der Auslistung von Maßnahmen
    steht kein Konzept, welches man für unsere Zwecke verwenden könnte, da Bizer sich vor-
    nehmlich auf eine mögliche Vielzahl von Regelungen konzentriert: „Fraglich ist, ob aus dem
    Katalog der Vorkehrungen ein Mindestkatalog obligatorischer Vorkehrungen zusammenge-
    stellt werden kann" (das.: 239).

schlagen u. a. ein Trennungs- und Löschungsgebot, das Zweckbindungsgebot, ein Reidentifizierungsverbot, und ein Weitergabeverbot vor.

Die Zweckbindung bestimmt, wie bereits erwähnt, dass beispielsweise für die Forschung erhobene Daten nicht für einen anderen Zweck wie etwa Marketing verwendet werden dürfen. Ein Verbot von Reidentifizierungsversuchen sowie der Weitergabe an Dritte könnten über einen Datennutzungsvertrag geregelt werden und damit die Kosten für einen potentiellen Angreifer heraufsetzen.[64]

Hier schließt sich ein noch ungeklärtes Problem an, welches z. B. bei der Befragung delinquenter Personen zum Tragen kommt: das Fehlen eines Forschungsdatengeheimnisses. D.h., es gibt in Fällen der Strafverfolgung weder ein Zeugnisverweigerungsrecht für Forscher noch ein Beschlagnahmeverbot von Forschungsdaten oder anderen Informationen, die im Laufe des Forschungsprozesses gesammelt werden. Ein solches Forschungsdatengeheimnis wird bereits seit geraumer Zeit diskutiert und wird von Forscherseite als notwendig erachtet, um der Forschung einen rechtlich ähnlichen Status zu gewähren, wie ihn unter anderem Ärzte haben. (Vgl. Fußnote 63 sowie Wagner 1999, Hamm/Möller 1999 und Hopf 2005)

3.2.3   Phase 3 – Sekundärnutzung

Sind die Bedingungen für eine Archivierung erfüllt, folgt in unserem Fall als nächster Schritt die Bereitstellung der Forschungsdaten für eine Sekundärnutzung, d.h. jede Art der erneuten Auswertung der Daten unter eigenen wissenschaftlichen Fragestellungen. Dies kann das Nachvollziehen dargestellter Ergebnisse ebenso bedeuten wie die Analyse unter gänzlichen neuen Fragestellungen im Rahmen größerer Projekte, zur wissenschaftlichen Qualifikation, in der akademischen Lehre usw. Der Zugang und der Zugriff auf Forschungsdaten können auf verschiedenerlei Weise stattfinden.

a) Datenweitergabe
Das erste Szenario besteht in der Weitergabe von Daten und Dokumenten an Dritte zur wissenschaftlichen Nutzung. Hierfür könnten z. B. maschinenlesbare

---

64   Unter Trennungs- und Löschungsgebot wird die möglichst frühzeitige Trennung von direkt personenbezogenen Merkmalen wie Adressen von dem Rest der Daten verstanden. Die direkt personenbezogenen Merkmale sollten möglichst bald gelöscht werden. Vergleiche hierzu die bereits gemachten Ausführungen unter 3.2.1.3.

Interviewtranskripte an Forscher übermittelt werden, die diese etwa in ihren eigenen Einrichtungen analysieren wollen.

b) Nutzung on site
Das zweite Szenario besteht in einer Nutzung der Daten und Dokumente vor Ort (on site). D.h. die interessierten Forscher können nur im Rahmen des Archivs auf die Materialien der Untersuchung zugreifen. Dieses Szenario ist aus dem Bereich der amtlichen Statistik bekannt und wird hier als Forschungsdatenzentrum bezeichnet.[65] Ein Beispiel aus der qualitativen, zeithistorischen Forschung ist das bereits erwähnte Archiv „Deutsches Gedächtnis" an der Fernuniversität Hagen.

Ein Spezialfall der Nutzung von Daten vor Ort ist das Modell der sogenannten „One Dollar Person". Dieses sieht die Anstellung der Person, die mit den Daten arbeiten möchte, pro forma vor. Der Nutzer wird somit zum Mitarbeiter der datenhaltenden Einrichtung und unterläge allen rechtlichen Einschränkungen. Diese Variante dürfte unter den gegebenen arbeitsrechtlichen Bedingungen in der Bundesrepublik jedoch eher unpraktikabel sein.

c) Fernnutzung
Das dritte Szenario beinhaltet die Fernnutzung (Remote Access) von Daten und Dokumenten, bei der dezidierten Personen ein Online-Zugriff auf Informationen gewährt wird. In der quantitativen Forschung werden hierunter Verfahren wie das sog. Fernrechnen verstanden. D.h., dass man über einen direkten oder indirekten Zugang mit Daten arbeitet, ohne diese physisch auf dem eigenen Computer zu haben; es erfolgt also kein Download.[66] Es wäre zu prüfen, wie ein sicherer Online-Zugriff beispielsweise auf Videos oder Dokumente gestaltet werden könnte.

Alle genannten Datenzugänge müssten mindestens durch die Zustimmung zu schriftlich fixierten Nutzungsregeln ergänzt werden. Der Abschluss eines expliziten Nutzungsvertrags würde durch seine Schriftform eine weitergehende Verpflichtung bedeuten. Ein Beispiel für einen solchen Nutzungsvertrag ist der des

---

65 Zu den Zugriffsregelungen etwa des Statistischen Bundesamtes oder des IAB siehe die entsprechenden Webseiten:
- FDZ des IAB: http://fdz.iab.de/ (Zugriff: 25.01.2010)
- FDZ der Statistischen Bundes- und Landesämter: http://www.forschungsdatenzentrum.de/ (Zugriff: 25.01.2010)
66 Vgl. zu den Möglichkeiten eines Remote Access auf statistische Daten: Blakemore (2001).

SOEP.[67] In einem solchen Vertrag werden die Rechte und Pflichten der Datennutzung klar aufgelistet und der Projektleiter wird als verantwortliche Person
explizit in Haftung genommen und ist für die sachgemäße Nutzung der Daten
verantwortlich. Ähnliche Ansprüche erhebt das Institut für Arbeitsmarkt- und
Berufsforschung (IAB) in vergleichbaren Verträgen.[68] Ein Beispiel für eine
Nutzungsordnung wäre die des Datenarchivs der GESIS.[69]

3.2.4   Ablauf einer Archivierung

Im Verlaufe eines Projektes, in dem Personen mit Hilfe offener Interviewmethoden befragt werden, können Forschern Kontaktdaten und Daten aus Befragungen vorliegen. Die Kontaktinformationen können aus frei zugänglichen oder
zugangsgeschützten Quellen stammen. Ist der Zugang beschränkt, sind in aller
Regel spezielle Gesetze oder Verfahrensregeln einzuhalten. Diese schreiben
meistens einen datenschutzkonformen Umgang mit den Daten vor. Gibt es keine
spezielle Regelung gelten die entsprechenden Datenschutzgesetze, die Forschern eine Erhebung und Verarbeitung personenbezogener Daten zu Zwecken
der Forschung unter bestimmten Bedingungen erlauben.

Zu Befragung möglicher Zielpersonen werden die oben beschriebenen Kontaktinformationen verwendet. Den Personen werden ausreichende Informationen
über den Forschungszweck, das Verarbeitungsziel und die Freiwilligkeit einer
Teilnahme zugänglich gemacht, auf deren Basis sie eine informierte Einwilligung zur Verarbeitung ihrer Daten geben können („informed consent"). Die
Interviews werden aufgezeichnet und in den meisten Fällen in Form von
Transkripten weiter verarbeitet. Forschungsprojekte dürfen beide Datenbestände
für wissenschaftliche Zwecke verarbeiten, wenn auch eine Trennung der Kontaktdaten von den eigentlichen Interviews geboten ist, sobald dies für das Projekt möglich ist.

Mit Abschluss des Projektes sollen die Forschungsergebnisse nun archiviert,
also langfristig gesichert und für weitere Analysen durch Dritte bereitgestellt

---

67   Siehe z. B. den Nutzungsvertrag des SOEP im Netz unter
      http://www.diw.de/deutsch/soep/service_amp_dokumentation/formulare/32049.html (Zugriff:
      25.01.2010)
68   GESIS vertreibt im Auftrag des IAB die „Beschäftigtenstichprobe 1975-1997 – Regionalfile"
      (ZA 3348). Der Nutzungsvertrag kann bei Bedarf eingesehen werden.
69   http://www.gesis.org/dienstleistungen/daten/recherche-datenzugang/datenarchiv-
      service/benutzungsordnung (Zugriff: 25.01.2010)

werden. Wir gehen davon aus, dass die Interviews durch Trennung von den Kontaktdaten als formal anonym gelten können. Eine Archivierung bezieht sich also in erster Linie auf die Interviews und könnte durch die Forscher selbst, etwa im Rahmen ihres Beschäftigungsverhältnisses an einer Hochschule, oder durch ein unabhängiges, wissenschaftliches Datenarchiv erfolgen. Wir gehen von einer Weitergabe an ein solches Archiv aus.

Für die Archivierung können nun folgenden Verfahrensweisen unterschieden werden:

1) Wurde mit den Befragten eine entsprechende Vereinbarung getroffen, können die vollständigen Interviews inklusive der „Primärquellen", sprich Video- und Audiobänder oder -dateien, für die wissenschaftliche Sekundärnutzung bereitgestellt werden. Ein Beispiel, mit einer entsprechenden Zugangsbeschränkung für Nutzer, stellt das Archiv „Deutsches Gedächtnis" in Hagen dar.

2) Wurde mit den Befragten eine Vereinbarung über die Nutzung der Interviews im Rahmen eines wissenschaftlichen Vorhabens (d. h. des Daten erhebenden Forschungsprojekts) getroffen, kann versucht werden, eine nachträgliche Archivierung der vollständigen Interviews mit den Befragten zu vereinbaren. Wird ein solches Einverständnis erreicht, kann eine Archivierung erfolgen.

3) Wurde mit den Befragten eine Vereinbarung über die Nutzung der Interviews im Rahmen eines wissenschaftlichen Vorhabens getroffen, und es wird keine weitere Vereinbarung für eine Archivierung getroffen, ist zu prüfen, ob die zu archivierenden Materialien einen direkten Rückschluss auf die Personen zulassen.

3a) Stellt eine Prüfung fest, dass ein direkter Rückschluss nicht möglich ist, können die vollständigen Interviews archiviert werden.

3b) Beinhaltet das Material personenbeziehbare Informationen, bei denen ein Rückschluss nicht auszuschließen ist, sollte eine Anonymisierung vorgenommen werden. Pseudonyme Daten, bei denen Dritte keinen Zugang zum entsprechenden Schlüssel für die Pseudonyme haben, können als anonymisiert gewertet werden.
Wie weit die Anonymisierungsmaßnahmen gehen, hängt von den Daten ab. Kann ein Zustand faktischer Anonymität erreicht werden, können die Interviews in dieser Form archiviert werden.

3c) Beinhaltet das Material personenbeziehbare Informationen, bei denen ein Rückschluss nicht auszuschließen ist, und es kann nur eine schwache Anonymisierung vorgenommen werden, so sind weiter Maßnahmen zu

ergreifen, die einen Schutz der Daten bei der weiteren Nutzung gewährleisten.

Nach der von ALLF und GESIS durchgeführten Machbarkeitsstudie ist für
„alte", d. h. bislang erhobene Daten vom Szenario c) auszugehen. Zukünftige
Forschungsprojekte können die hier vorgelegten Vorschläge berücksichtigen
und von vornherein entsprechende Vereinbarungen mit den Untersuchungspersonen treffen. Bei allen Maßnahmen ist zu berücksichtigen, dass es sich bei
Transkripten von Interviews um schwach strukturierte Daten handelt und personenbeziehbare Informationen nicht in standardisierter Form und mit entsprechender Kennzeichnung im Text enthalten sein können.

Die über eine Anonymisierung hinausgehenden Maßnahmen sollten die Einhaltung des Zwecks wissenschaftlicher Nutzung gewährleisten und Nutzer auf
einen entsprechenden datenschutzkonformen Umgang mit den Daten verpflich-
ten. Dies kann durch eine Nutzungsordnung oder darüber hinausgehend durch
einen Nutzungsvertrag erfolgen.

Der Zugang zu den Daten kann nun auf verschiedene Art und Weise erfolgen:

- Durch eine direkte Bereitstellung,
- durch eine indirekte Bereitstellung, bei der die Nutzung nachvollzogen werden kann, oder
- durch eine Nutzung in den Räumen des Archivs oder eines sicheren Arbeits-
  platzes in einem Forschungsdatenzentrum.

Bei Interviews, für die eine entsprechende Vereinbarung vorliegt oder die anonymisiert wurden, könnte eine direkte Bereitstellung erfolgen. Sind diese Voraussetzungen nicht gegeben, bieten die beiden anderen Wege Alternativen. Unter der Nutzerperspektive eines zeitgemäßen, wissenschaftlichen Arbeitens in
einer eScience-Umgebung sollte auf eine der beiden ersten Formen der Datenbereitstellung hingearbeitet werden.

3.2.5   Fazit

Im Kern des Umgangs mit personenbeziehbaren Daten in der qualitativen Forschung steht das Verhältnis der Forscher zu den Untersuchungspersonen. Forscher bauen darauf, dass ihnen Probanden die für den Forschungszweck notwendigen Informationen überlassen und Befragte vertrauen auf einen entspre-

chenden vorsichtigen Umgang mit diesen Informationen. Erfolgt die Befragung durch eine informierte Einwilligung, steht einer Verarbeitung dieser Daten im Forschungsvorhaben nichts im Wege. Wir konnten nun darstellen, dass es legale Wege gibt, diese Daten auch anderen Forschern in entsprechender Form für Analysen zur Verfügung zu stellen, die das Vertrauensverhältnis zu den Befragten wahren und den Einzelnen vor der missbräuchlichen Verwendung seiner Daten schützen. Einer dieser Wege ist der über ein wissenschaftliches Datenarchiv. Dieser Weg kann selbstverständlich variieren, je nachdem welche Bedenken es von Seiten der Forscher, der Befragten und der mit Archivierungsaufgaben Betrauten gibt. Doch sollte der Wert der Informationen für den Gewinn neuer wissenschaftlicher Erkenntnisse eine wichtige Rolle bei der Entscheidungsfindung spielen.

3.3 Archivierung qualitativer Daten: Die Archivsituation im internationalen Vergleich

Die historische Entwicklung der Sekundäranalyse in der quantitativen Forschungstradition zeigt, dass die Möglichkeiten dieser Forschungsstrategie eng verknüpft sind mit dem technischen Fortschritt in der elektronischen Datenverarbeitung sowie der Gründung von Archiven, in erster Linie so genannter Umfrage-Archive (vgl. Scheuch 1967; Friedrichs 1983; Hakim 1982). Seit Mitte des 20. Jahrhunderts stellen Umfragedaten eine neue Art von Material für Sekundäranalysen dar, wie Hyman (1972) in seiner einschlägigen Monographie „Secondary Analysis of Sample Surveys" zeigte. Das älteste Umfragearchiv *The Roper Center for Public Opinion Research Center* an der University of Connecticut (USA) wurde 1957 gegründet. Als erstes Umfragearchiv in Europa (1960 gegründet) hat das *Zentralarchiv für Empirische Sozialforschung,* jetzt *Datenarchiv für Sozialwissenschaften* der *GESIS – Leibniz-Institut für Sozialwissenschaften* in Köln eine mittlerweile über 50-jährige Archivtradition vorzuweisen. Es folgten Gründungen einer Reihe solcher Archive (z. B. Steinmetz Archiv in Amsterdam, University of Essex in Colchester, Danish Data Archive). Mittlerweile werden kontinuierlich große Umfragedatensätze (im nationalen und internationalen Maßstab) eigens für die multiple Nutzung durch Sekundärforscher erhoben und über die Archive einer breiten sozialwissenschaftlichen Nutzerschaft zugänglich gemacht, sodass die Grenzen zwischen Primär- und Sekundäranalyse bei diesen „multi-purpose surveys" verwischen (Hakim 1982: 3).

Während also die Sekundäranalyse auch Dank einer positiven Archiventwicklung zum Synonym für die erneute Nutzung *statistischer* (insbesondere

Umfrage-) Daten geworden ist, zeigen sich nunmehr auch Anfänge einer internationalen und aktuell voranschreitenden Entwicklung von Archiven, die interessierten Forschenden einen organisierten Zugang zu qualitativen Forschungsdaten schaffen.

3.3.1 Die internationale Situation

Zwar hält das in den USA bereits 1976 gegründete *Henry A. Murray Research Archive* an der Harvard University (Cambridge) neben quantitativen auch umfangreiche qualitative Daten (häufig in einem Mixed-Methods-Ansatz generiert) vor, dennoch kann wohl das jüngere *ESDS Qualidata* des *UK Data Archive* an der Universität von Essex aktuell als Vorreiter in der internationalen Entwicklung wissenschaftlicher qualitativer Archive angesehen werden.[70] Es hat bereits seit 1994 als Qualidata in Kooperation mit dem UK Data Archive ein Netzwerk zur professionellen Aufbereitung, Aufbewahrung und Weitergabe qualitativer Daten aufgebaut. Die Mitarbeiter/innen des Archivs haben umfangreiche Daten bedeutsamer qualitativer Forschungsprojekte der letzten fünf Jahrzehnte durch die Archivierung gerettet, für eine Sekundärnutzung in Forschung und Lehre zur Verfügung gestellt und allgemeine Grundlagen für die Archivierung qualitativer Daten geschaffen (Corti/Foster/Thompson 1995; Corti/Day/Backhouse 2000; Corti Backhouse 2005; Corti 2000). Der *Economic and Social Research Council (ESRC)* als größter Drittmittelgeber für die Wirtschafts- und Sozialwissenschaften in Großbritannien ist von dieser Nützlichkeit so überzeugt, dass er Forschungsprojekten von Beginn der Bewilligung an auf die Notwendigkeit einer Datenaufbereitung und Forschungsdokumentation als Vorstufen für eine spätere professionelle Archivierung hinweist.[71]

ESDS Qualidata bietet nunmehr einen auf qualitative Daten spezialisierten Service innerhalb des breiteren, auch quantitative Daten für viele thematische Bereiche umfassenden *Economic and Social Data Service (ESDS)* für Archivie-

---

70 Zwar gibt es in den USA im bereits erwähnten Murray Research Archive umfangreichere Datensammlungen auch für die interpretativen Human- und Sozialwissenschaften; dennoch anerkennt der American Council of Learned Societies (ACLS 2006: 25) die Vorreiterrolle des Economic and Social Data Service (ESDS) in Großbritannien bezüglich der Expertise und seiner Stellung als größte fachspezifische Primärdatensammlung. Dies gilt auch für den qualitativen Zweig – ESDS Qualidata –, der seit Anfang der 1990er Jahre ausgebaut wird.
71 Vgl. ESRC Data Policy unter:
   http://www.esrcsocietytoday.ac.uk/ESRCInfoCentre/Images/DataPolicy2000_tcm6-12051.pdf
   [Zugriff: 22.01.2010]

rung und Datenweitergabe an. Neben der Funktion als zentrales Archiv mit über 140 eigenen Datensätzen, fungiert es im Sinne eines „clearing house"- oder „hub and spokes"-Modells als Zentrale („Radnabe") verantwortlich für die Akquisition, Aufbereitung, Zugangsbedingungen und Vermittlung der Daten sowie für ein Datennachweissystem. Dezentral (als „Radspeichen") existiert ein Netzwerk von Archiven, meistens in Universitätsbibliotheken angesiedelt, die für die Langzeitaufbewahrung der Daten sorgen (ca. 150 solcher dezentral gelagerter Datensätze, Stand 2002 laut Corti/Thompson 2004).

Das bereits erwähnte US-amerikanische *Murray Research Archive* ist ein Repositorium für sozial- und verhaltenswissenschaftliche Daten mit dem Fokus auf menschliche Entwicklung und sozialen Wandel. Ähnlich wie Qualidata verfolgt es einen multidisziplinären Ansatz. Dank eines Hauptaugenmerks auf die Akquisition longitudinaler Studien kann das Murray-Archiv auf eindrucksvolle Sekundäranalysen auch qualitativer Längsschnittdaten verweisen und ist bislang einzigartig darin, dass es viele Studien hält, deren Teilnehmer/innen für weitere Folgeerhebungen (follow-ups) erneut aufgesucht werden können (James/Sørensen 2000).

In den letzten Jahren sind weltweit verstärkt Bemühungen zu beobachten, die auf die Entwicklung professioneller Archivierungskonzepte abzielen, um qualitatives Datenmaterial für Forschungszwecke zu bewahren. So hält beispielsweise das *Finnish Social Science Data Archive (FSD)* bereits einige qualitative Datensätze vor. Auf der Grundlage einer in 2008 durchgeführten Machbarkeitsstudie für die österreichische Situation (Asensio/Kritzinger/Müller/Smioski 2008) hat das *Wiener Institut für sozialwissenschaftliche Dokumentation und Methodik (WISDOM)* damit begonnen, qualitative Daten in seinen Datenbestand und -service aufzunehmen. Das *Schweizer Kompetenzzentrum Sozialwissenschaften FORS* beginnt gegenwärtig damit, seine Dienstleistungen in Bezug auf die Archivierung und den Vertrieb von Daten auf die qualitative Forschung auszuweiten. Auch Datenarchive in einigen osteuropäischen Staaten (z. B. beim *Digital Archive of Soft Data* (*Medard*) des *Sociological Data Archive* in Tschechien) archivieren bereits qualitative Daten. In anderen Ländern werden Machbarkeitsstudien angestrebt, durchgeführt bzw. anderweitige konkrete Bemühungen hinsichtlich der Gründungen nationaler Serviceinfrastrukturen für die Archivierung und Weitergabe qualitativer Forschungsdaten deutlich. Ein gemeinschaftlich durch das *UK Data Archive*, das britische *Timescapes Archive*[72] und

---

72   http://www.timescapes.leeds.ac.uk/the-archive/

dem *Archiv für Lebenslaufforschung* organisierter Workshop[73] in Bremen im April 2009 brachte erstmals Vertreterinnen und Vertreter aus insgesamt vierzehn europäischen Ländern zusammen, die an entsprechenden Initiativen rund um das „qualitative data sharing" beteiligt sind und sich nunmehr auch in einem europäischen Netzwerk gegenseitig austauschen und unterstützen (vgl. Tagungsbericht und einzelne Länderberichte in demnächst erscheinender Schwerpunktausgabe von IASSIST-Quaterly).[74]

3.3.2   Gegenwärtige Situation in Deutschland

Obwohl übergeordnete Organisationen (OECD 2007; DFG 1998), die *Deutsche Gesellschaft für Psychologie e.V.* (2004)[75] und die wissenschaftliche Fachöffentlichkeit (Wild/Beck 1998; Kaase 1998; Wagner 1999, 2000; Jagodzinski 2001; Mochmann 2002b) die Transparenz von Forschungsprozessen und für sie geeignete Rückgriffsmöglichkeiten auf Originaldaten zur Überprüfung wissenschaftlicher Irrtümer[76] und Fälschungen fordern, fehlt für die Hinterlegung von Originaldaten, die dem organisierten Zugang zu den Daten von Dritten dienen soll, ein professionelles Wissensmanagement. In der DFG-Denkschrift zur „Sicherung guter wissenschaftlicher Praxis" (DFG 1998, Empfehlung Nr. 7) wird in diesem Zusammenhang lediglich eine „unabhängige Stelle" empfohlen, die aber in den Sozialwissenschaften hauptsächlich aus Universitätsinstituten besteht, die bezüglich der Aufbereitungs-, Aufbewahrungs- und Zugriffsmöglichkeiten von Daten in der Regel überfordert sind[77].

---

73   Bremen Workshop – „Qualitative Longitudinal Research and Qualitative Resources in Europe: Mapping the Field and Exploring Strategies for Development", Universität Bremen, 24.04.2009 mit Teilnehmenden aus 14 europäischen Ländern; gefördert durch das Council for European Social Science Data Archives (CESSDA).
http://www.timescapes.leeds.ac.uk/about/bremen-workshop/ [Zugriff: 21. Januar 2010].

74   Für weiterführende Informationen zum Stand der internationalen Archivgründungsbemühungen siehe: http://www.esds.ac.uk/qualidata/access/internationaldataprogress.asp [Zugriff: 21. Januar 2010].

75   „C.III. Grundsätze für Forschung und Publikation, 14. Weitergabe von Forschungsdaten zum Zweck der Überprüfung. (a) Nach der Publikation von Daten halten Psychologen die Originaldaten nicht zurück, wenn andere Wissenschaftler und Wissenschafterinnen ihre Schlussfolgerungen durch Re-Analyse überprüfen wollen und die Daten nur zu diesem Zweck nutzen wollen." (a. a. O.: 5)

76   Die Sicherung der intersubjektiven Nachvollziehbarkeit wissenschaftlicher Aussagen ist ein zentrales Gütekriterium qualitativer Forschung (Steinke 1999: 207 ff.).

77   Knapp ein Viertel der in der DFG-geförderten Machbarkeitsstudie des ALLF und des Datenarchivs in Köln (Details siehe 2.2) befragten Projektleiter/innen gaben an, dass ihre Daten bereits archiviert seien. Bei weiterer Recherche auf Basis von Experteninterviews stellte sich je-

In Deutschland existieren bislang nur eine Reihe dezentraler Archive für unterschiedliche qualitative Daten, die auf z. T. sehr spezifische Themenbereiche wie Psychotherapie, Biographien im Umbruch, Lebenslagen, politische Kultur, soziale Bewegung, Akten und Druckschriften von Parteien, Erinnerungen an die Kriegs- und Nachkriegszeit oder Natur- und Umweltschutzgeschichte und unterschiedliche qualitative Datenformen wie Oral-History-Daten, Briefe, Fotos, Tagebücher, Biographien, Schulaufsätze, Korrespondenzen sowie Ton- und Videoaufnahmen spezialisiert sind (vgl. Beschreibungen einiger dieser Archive: Gröschel 2000a/b; Leh 2000, Opitz/Witzel 2005; Schellinger 2000; Witzel 2000a; sowie Tabelle 8).

---

doch heraus, dass damit eine den Grundanforderungen eines Archivs nicht entsprechende Lagerung in Räumen von Instituten, Universitäten und anderen Forschungseinrichtungen gemeint sind (s. Kapitel 4.2.3).

Arbeitsstelle: Pädagogische Kasuistik
Institut für Erziehungswissenschaften
Technische Universität Berlin
Kontakt:
Prof. Dr. Sabine Reh, Dr. Kerstin Rabenstein
kasuistik@tu-berlin.de
http://www.ewi.tu-berlin.de/

(Archiv im Aufbau)
Protokolle pädagogischer Praxis, z. B.
Beobachtungsprotokolle, Video-/Audiografien
oder Transkripte pädagogischer Interaktionen

Archiv der DDR-Opposition
Robert-Havemann-Gesellschaft e.V.
Kontakt:
Irena Kukutz
http://www.havemann-gesellschaft.de/

Artefakte, Dokumente sowie Oral-History-Daten
zum Thema Opposition und Widerstand in der
DDR

Archiv der sozialen Demokratie (AdSD)
Friedrich-Ebert-Stiftung
Kontakt:
Prof. Dr. Michael Schneider
http://www.fes.de/archiv/

Dokumente über die Geschichte der Arbeiter-
bewegung in Deutschland.

*Archiv des Hamburger Instituts für Sozial-
forschung*
Kontakt:
Reinhart Schwarz
http://www.his-online.de/

Artefakte, Dokumente und Oral-History-Daten
zu versch. Themen der Zeitgeschichte, insb. zum
Thema Protestbewegungen

Archiv „Deutsches Gedächtnis"
Institut für Geschichte und Biographie
FernUniversität Hagen
Kontakt:
Dr. Almut Leh
http://www.fernuni-
hagen.de/geschichteundbiographie/

Oral History-Daten, subjektive Erinnerungs-
zeugnisse aller Art

Archiv für Lebenslaufforschung (ALLF)
Bremen International Graduate School of Social
Sciences (BIGSSS)
Universität Bremen
Kontakt:
Dr. Andreas Witzel, Irena Medjedović
http://www.lebenslaufarchiv.uni-bremen.de/

Daten der Lebenslaufforschung, zum großen Teil
aus qualitativen Längsschnittstudien

Archiv Grünes Gedächtnis
Heinrich-Böll-Stiftung e.V.
Kontakt:
Dr. Christoph Becker-Schaum
http://www.boell.de/stiftung/archiv/

Quellen zur Geschichte der Neuen Sozialen
Bewegungen und der Partei Bündnis 90/Die
Grünen

Archiv Kindheit-Jugend-Biographie (AKJB)
Siegener Zentrum für Kindheits-, Jugend- und
Biographieforschung (SiZe)
Universität Siegen
Kontakt:
Dr. Imbke Behnken, Prof. Dr. Jürgen Zinnecker
http://www.uni-siegen.de/fb2/size/ueber_size/

Daten der Kindheits- und Jugendforschung

Deutsches Tagebucharchiv (DTA) e.V. Emmendingen	*Elektronisches Lehrarchiv für qualitative und* *quantitative Sozialforschung (EQQS)* Arbeitsgruppe Interdisziplinäre Sozialstruktur- forschung (agis) Universität Hannover Kontakt: Prof. Dr. Heiko Geiling, Dr. Daniel Gardemin
http://www.tagebucharchiv.de/	http://www.agis.uni-hannover.de/EQQS/
Persönliche Dokumente von Lebensgeschichten	Forschungsmaterial aus der Sozialstrukturfor- schung mit den Schwerpunkten Milieuforschung, Stadtforschung.
Institut für Grenzgebiete der Psychologie und *Psychohygiene e.V. – Archiv* Freiburg i. Br. Kontakt: Uwe Schellinger http://www.igpp.de/	*Interviewarchiv „Jugend im 20. Jahrhundert"* Verein zur Förderung von Forschungen zur politischen Sozialisation und Partizipation (POSOPA) e.V. Kontakt: Roland Gröschel http://www.posopa.de/
(Para-)psychologische Forschungsdaten	Oral-History-Daten der historischen Jugend- und Sozialisationsforschung
Lebensgeschichtliches Archiv *des Instituts für Sächsische Geschichte und* *Volkskunde (isgv) e.V.* Kontakt: Prof. Dr. Manfred Seifert http://web.isgv.de/	*Ulmer Textbank für psychotherapeutisches* *Datenmaterial* Universitätsklinikum Ulm Sektion Informatik in der Psychotherapie Kontakt: Prof. Dr. Erhard Mergenthaler http://sip.medizin.uni-ulm.de/informatik/
(auto-) biografische Dokumente und Interviews zum Thema historisches und gegenwärtiges Alltagsleben in Sachsen und angrenzenden Regionen	Psychotherapie-Texte

Tabelle 8: Qualitative Datenarchive in Deutschland[78]

Für diese meist kleinen Spezialarchive gilt in der Regel immer noch die Er-kenntnis der *DFG*-Arbeitsgruppe Informationsmanagement der Archive:

---

78 Aufgrund der Vielzahl von Archiven in Deutschland kann im Rahmen der vorliegenden Publi-kation nur eine Auswahl dargestellt werden, d. h. die Übersicht erhebt keinen Anspruch auf Vollständigkeit.

Die überwiegende Mehrheit der deutschen Archive verfügt weder über die geeignete Infrastruktur, um elektronische Unterlagen zu übernehmen, noch über die notwendigen IT-Kenntnisse (dies. 2003: 3).

Es fehlen internetfähige Datennachweissysteme und es gibt Probleme der Langzeitsicherung des meist nicht digitalisierten Datenbestands. Als Ursachen dieser Probleme in der deutschen Archivlandschaft macht die erwähnte *DFG*-Arbeitsgruppe zum einen die Singularität der Archive verantwortlich, zum anderen Kommunikationsdefizite zwischen der Archivwissenschaft und der – in diesem Fall– historischen Wissenschaften.

Während der Fokus der meisten dezentralen Archive in Deutschland ein klassisch historischer ist, bietet das an der Universität Bremen angesiedelte *Archiv für Lebenslaufforschung (ALLF)* qualitative Interviewdaten, die aus sozialwissenschaftlichen Forschungsprojekten stammen. Das Bremer Lebenslaufarchiv[79] wurde im Jahr 2000 auf Empfehlung der Deutschen Forschungsgemeinschaft (DFG) gegründet, um das umfangreiche qualitative Datenmaterial, welches in den zwölf Jahren Laufzeit des *Sonderforschungsbereiches 186 „Statuspassagen und Risikolagen im Lebensverlauf"* (1988-2001) erhoben wurde, zu sichern und für zukünftige Forschungszwecke verfügbar zu machen. Somit wurden ungefähr 700 Interviewtexte zu verschiedenen Übergängen und Statuspassagen im Lebenslauf anonymisiert, dokumentiert und in digitaler Form archiviert. Bei den meisten Projekten des Sfb 186 handelte es sich um langjährige Panelstudien, so dass einmalige Längsschnittdaten mit einem sehr großen Beobachtungsfenster von bis zu zehn Jahren vorliegen. Interessant in diesem Zusammenhang ist die von den meisten Sfb186-Projekten praktizierte Verknüpfung qualitativer und quantitativer Erhebungen im Laufe des Forschungsprozesses, sodass zu den archivierten Interviews ebenso umfangreiches standardisiertes Datenmaterial vorliegt, das in den Datenbestand des *GESIS-Datenarchivs* in Köln bereits aufgenommen wurde oder noch aufgenommen wird.

Mit seinem Datenbestand bildet ALLF den Nukleus für den Aufbau einer bundesweiten Servicestelle für qualitative Daten (*QualiService*). Dieses Servicezentrum soll eine integrierte Grundversorgung für qualitative Forschung und Lehre gewährleisten. Eine entscheidende empirische Basis für alle weiteren Arbeiten und Planungen des ALLF besteht in der gemeinsam mit dem GESIS-Datenarchiv durchgeführten *Machbarkeitsstudie „Archivierung und Sekundär-*

---

79 Zeitweilige Mitarbeit: Dr. Susann Kluge, Dipl. Soz. Diane Opitz, Dipl. Psych. Britta Stiefel, Prof. Dr. Karl Schumann (Leitung); aktuelles Team: Dipl. Psych. Irena Medjedović, Dr. Andreas Witzel (Leitung).

nutzung qualitativer Interviewdaten", deren Ergebnisse im folgenden Kapitel dargestellt werden.

4   Sekundärnutzung und Archivierung: Empirische Untersuchung der Situation in Deutschland

4.1   Beschreibung des Projekts „Archivierung und Sekundärnutzung qualitativer Interviewdaten – eine Machbarkeitsstudie"

Die Akquisition und Bereitstellung *quantitativer* Forschungsdaten sowie deren kontinuierliche Aufbereitung und Dokumentation sind Kernaufgaben des *Datenarchiv für Sozialwissenschaften* der GESIS (vormals: Zentralarchiv für Empirische Sozialforschung, ZA). Eine vergleichbare Institution, die *qualitatives* Datenmaterial systematisch sammelt, archiviert, dokumentiert und einer wissenschaftlichen Sekundärnutzung zuführt, gibt es in Deutschland derzeit nicht. Häufig lagern die Forscher ihre qualitativen Daten im Büro oder zu Hause, wo sie im Regelfall für andere nicht zugänglich sind und der dauerhafte Verbleib ungewiss ist. Vor diesem Hintergrund förderte die *Deutsche Forschungsgemeinschaft* (DFG) ein Gemeinschaftsprojekt des *Archiv für Lebenslaufforschung (ALLF)* der *Graduate School of Social Sciences* der *Universität Bremen* und des *Zentralarchivs für Empirische Sozialforschung (ZA)* an der *Universität zu Köln*, das die Machbarkeit einer Serviceinfrastruktur für die Archivierung und Vermittlung qualitativer Interviewdaten für die wissenschaftliche Sekundärnutzung untersuchte.[80]

4.1.1   Zielsetzung der Machbarkeitsstudie

Gestützt auf eine Bestandsaufnahme qualitativ ausgerichteter sozialwissenschaftlicher Forschungsprojekte der letzten 20 Jahre in Deutschland und beschränkt auf Interviewdaten sollte in der Machbarkeitsstudie untersucht werden, ob und inwieweit Sozialwissenschaftler/innen zum einen als potenzielle Daten-

---

80   „Archivierung und Sekundärnutzung qualitativer Interviewdaten – eine Machbarkeitsstudie" (Laufzeit: 2003-2005). Projektteam: Prof. Karl F. Schumann, Dr. Andreas Witzel, Irena Medjedović, Diane Opitz und Britta Stiefel (Bremen) sowie Prof. Wolfgang Jagodzinski, Dr. Ekkehard Mochmann und Reiner Mauer (Köln).

geber/innen und zum anderen als zukünftige Sekundärnutzer/innen qualitativer Daten in Forschung und Lehre in Frage kommen.

In einer deutschlandweiten schriftlichen und anschließenden mündlichen Befragung sollten Projektleiter/innen qualitativ ausgerichteter Forschungsprojekte nach Art und Umfang sowie Archivierungswürdigkeit und Nutzungsmöglichkeiten des von ihnen erhobenen qualitativen Datenmaterials befragt werden. Darüber hinaus sollte das konkrete Interesse an Sekundärnutzungen vorhandenen verbalen Datenmaterials festgestellt werden, wofür auch Vor- und Nachteile, die für die Durchführung von Sekundäranalysen gesehen werden, zu erheben waren.

Aufbauend auf diesen Untersuchungen war es Ziel, ein innovatives Modell für die Archivierung qualitativer Interviewdaten zu entwickeln, sowie den Aufwand für eine fachgerechte und benutzerfreundliche Dokumentation und Aufbereitung des Datenmaterials, das in Deutschland als archivierungswürdig eingestuft wird, abzuschätzen.

4.1.2 Die schriftliche Befragung

Zunächst konzentrierten sich die Projektarbeiten auf eine *Bestandsaufnahme qualitativer Forschungsprojekte* in Deutschland. Diese diente gleichzeitig als Grundlage für die Auswahl der Stichprobe für die schriftliche Befragung. Als Datenquelle diente hierbei die Datenbank „FORIS" des *Informationszentrums Sozialwissenschaften (IZ)* in Bonn.[81] Die Datenbank FORIS bietet Beschreibungen sozialwissenschaftlicher Forschungsprojekte aus der BR Deutschland, aus Österreich und der Schweiz. Gemeinsam mit dem IZ wurde eine Suchstrategie entwickelt, mit deren Hilfe für den Zeitraum von 1984 bis 2003 rund 18.000 mit qualitativen Methoden arbeitende Projekte identifiziert werden konnten.

Für das *Sample* der schriftlichen Befragung wurden aus dieser Datenbasis alle Projekte der letzten zehn Jahre (d.h. ab 1994) ausgewählt, die als Methode der Datengewinnung „qualitative Interviews" oder „Experteninterviews" verwendet hatten und eine Angabe zum Projektleiter enthielten. Die Beschränkung auf die letzten zehn Jahre erfolgte aus pragmatischen Gründen: Zum einen hat das IZ ab 1994 die zugelassenen Deskriptoren zur methodischen Vorgehensweise und zu Datengewinnungsverfahren vereinheitlicht. Zum anderen wurde ange-

---

81   Zur Informationsgewinnung für FORIS wird u. a. jährlich eine zentrale WWW-Erhebung von Forschungsprojekten in der Bundesrepublik Deutschland durchgeführt (http://www.gesis.org/Information/index.htm).

nommen, dass die Angaben, insbesondere die Adressangaben, zu Projekten je weiter sie in der Vergangenheit liegen, desto wahrscheinlicher veraltet sind. Nach Überprüfung aller Adressen verblieben 1.750 Projekte mit 1.104 Projektleitern und Projektleiterinnen.[82]

In geschlossenen sowie einer Reihe offener Fragen wurden im Fragebogen unterschiedliche *Themenbereiche* angesprochen. Ein Ziel der schriftlichen Befragung war, den potenziell archivierbaren Bestand an qualitativen Interviewdaten in Deutschland zu erfassen. Zu diesem Fragenkomplex gehörten Fragen nach dem Umfang, der Art und dem Verbleib der Daten, vorhandenen Datenformaten und dem Stand der Aufbereitung sowie eine Einschätzung des sekundären Nutzungspotenzials der eigenen Daten als auch notwendiger Arbeitsschritte der Datenaufbereitung, um die Daten Dritten zur Verfügung stellen zu können. Darüber hinaus wurde die Bereitschaft ermittelt, Daten aus beendeten bzw. zukünftigen Forschungsprojekten für eine Nutzung durch Dritte zur Verfügung zu stellen, was auch die Ermittlung der Gründe (mittels offener Fragen) für eine ablehnende oder unentschiedene Haltung gegenüber der Datenbereitstellung umfasste. Ein weiterer Fragenkomplex befasste sich mit der Sekundärnutzung von qualitativen Daten: Einerseits wurden Erfahrungen mit der Sekundärnutzung erfragt, andererseits ging es um die Erfassung des Interesses, qualitative Daten zukünftig sekundär zu nutzen. Auch in diesem Fragenkomplex wurde Begründungen mittels offener Fragen Raum gegeben. Abschließend wurden Fragen zum Interesse am Aufbau eines Archivs für qualitative Daten und den Leistungserwartungen an ein solches Archiv gestellt.

Nach einem Pretest im Dezember 2003 wurde die endgültige Version des Fragebogens Anfang März 2004 versendet. Eine Erinnerung erfolgte 6 Wochen später. Den Befragten wurde alternativ zum gedruckten Fragebogen die Möglichkeit angeboten, eine Online-Version des Fragebogens im Internet auszufüllen. Davon machten lediglich 10 % Gebrauch. Die *Rücklaufquote* betrug mit insgesamt 430 Befragten 39 %.

---

82 Ein Teil der Fragebögen wurde nicht von den angeschriebenen Projektleitern und -leiterinnen selbst ausgefüllt. Es stellte sich heraus, dass die Projektleiter/innen den Fragebogen an vertrauenswürdige und erfahrene Mitarbeiter/innen weitergegeben hatten, die unmittelbar an der Durchführung der maßgeblichen Projekte beteiligt waren. Diese Mitarbeiter/innen galten dann als Kontaktpersonen für die mündliche Befragung, auch um die Kombination der quantitativen und qualitativen Daten in der Erhebung und Auswertung zu sichern.

Stichprobe

Bruttostichprobe: 1.949 Projekte / 1.450 Projektleiter/innen
Nettostichprobe[83]:   1.750 Projekte / 1.104 Projektleiter/innen
Realisierte Stichprobe: 430 Projektleiter/innen
Ausschöpfungsquote: **430/1.104 = 39 %**

Trotz des relativ guten Rücklaufs ist unbekannt, ob die Ausfälle stichproben-neutral sind, d.h. ob die antwortenden Personen möglicherweise der Sekun-därnutzung und Archivierung von qualitativen Daten gegenüber positiver einge-stellt sind als diejenigen, die sich nicht an der Befragung beteiligt haben.[84]

4.1.3   Die mündliche Befragung

Die Fragebogenerhebung wurde im weiteren Projektverlauf durch eine mündli-che Befragung ausgewählter Forscher/innen ergänzt. Ziel dieser mündlichen Befragung war es, auf der Basis der ersten Resultate der schriftlichen Befragung (Opitz/Mauer 2005), Sondierungen anzuschließen, die Detailanalysen und die Klärung offen gebliebener Fragen der quantitativen Untersuchung ermöglichen.

Die *Befragtengruppe* für die mündliche Befragung wurde als Teilsample aus der schriftlichen Befragung[85] nach folgenden Kriterien ausgewählt: Es wurde darauf geachtet, sowohl Forschende *mit* als auch *ohne* sekundäranalytische Erfahrungen einzubeziehen. Ein weiterer Gesichtspunkt für die Befragtenaus-wahl war, sowohl Befragte in die Untersuchung aufzunehmen, die die Gründung eines Archivs für qualitative Daten befürworten, als auch Befragte, die einem Archiv eher ablehnend oder skeptisch gegenüberstehen. Ferner wurden Befragte einbezogen, die sich eine Datenbereitstellung unter bestimmten Bedingungen vorstellen konnten, wie etwa unter „Beibehaltung der Kontrolle über Weiterga-

---

83   Brutto abzgl. stichprobenneutrale Ausfälle: Projektleiter, die aufgrund unterschiedlicher Schreibweisen des Namens mehrfach in der Stichprobe enthalten waren; Adresse des Projekt-leiters nicht ermittelbar; Projektleiter nicht mehr in Deutschland, nicht mehr aktiv, verstorben usw.

84   Neben der oben beschriebenen Stichprobenziehung wurde in einigen sozialwissenschaftlich relevan-ten Internet-Foren und E-Mail-Listen eine Beschreibung des Projektes mit der Bitte um Beteiligung an der Befragung veröffentlicht. Die Resonanz war allerdings mit 38 zusätz-lich realisierten Fragebögen nicht sehr groß.

85   Lediglich zwei Befragte der mündlichen Befragung hatten nicht selbst an der schriftlichen Befragung teilgenommen, waren aber als ehemalige Mitarbeiter/innen von den ursprünglich Befragten für die Interviews empfohlen und vermittelt worden.

be und Nutzung der Daten" oder unter „Lösung des Problems der Kontextualisierung".

Insgesamt wurden *36 Expertengespräche* in Form „problemzentrierter Interviews" (Witzel 2000b) geführt.[86] Gestützt auf einen *Leitfaden* wurde in den Interviews den Forschenden Raum gegeben, ihre Erfahrungen hinsichtlich der Sekundärnutzung qualitativer Daten wie auch der Datenbereitstellung für Sekundärnutzungen (dabei erfahrene Schwierigkeiten eingeschlossen) zu erläutern; assoziierte Einwände, Probleme oder Bedingungen darzulegen; zu spezielleren Themen – wie Kontextgebundenheit der Daten und Rolle der Dokumentation, Datenschutz und Anonymisierung, bisherige Praxis der Datenaufbereitung, sowie archivkonzeptionellen Überlegungen – Auskunft zu geben. Da explizites Ziel der Studie die Untersuchung der Machbarkeit der institutionalisierten Archivierung qualitativer Interviewdaten in Deutschland war, war eine mehr oder weniger unterschwellige Verbindung der Fragen nach der Sekundärnutzung von qualitativen Daten mit dem Ziel eines Archivaufbaus nicht unwahrscheinlich. Um dadurch erzeugte sozial erwünschte Antworten der Befragten zu vermeiden, wurde bei der Durchführung der Befragung darauf geachtet, die Thematik der Archivkonzeption am Ende der Interviews zu sondieren.

4.2 Ergebnisse der Befragungen im Rahmen der Machbarkeitsstudie

Im Folgenden werden die Ergebnisse der schriftlichen sowie mündlichen Befragung in kombinierter Form dargestellt, indem die quantitativen Ergebnisse der schriftlichen Befragung durch Ausdifferenzierungen bzw. neue/weitere Erkenntnisse aus der mündlichen Befragung ergänzt werden.

4.2.1 *Verbreitung der Sekundärnutzung qualitativer Daten*

Anders als zuvor angenommen, deuten die Ergebnisse der schriftlichen Befragung zunächst darauf hin, dass die Sekundärnutzung qualitativer Daten in Deutschland durchaus verbreitet ist.

So berichten etwas mehr als die Hälfte der Befragten (53,1 %), dass ihre Daten erneut genutzt wurden. Erwartungsgemäß überwiegt bei diesen Sekundärnutzungen der Modus, dass die Daten den Kreis des Primärprojektes und seiner

---

86 In vier Fällen wurden aufgrund von Terminschwierigkeiten Telefoninterviews durchgeführt.

Mitglieder nicht verlassen. Projektmitglieder verwenden die Daten über das primäre Projektziel hinaus, u. zw. für Qualifikationsarbeiten, für neue Forschungsprojekte oder in der akademischen Lehre, wobei besonders im letztgenannten Bereich die Daten immer wieder verwendet werden. Dennoch wurden die Daten zu knapp 15 % durch Dritte genutzt. (Vgl. Abbildung 1)

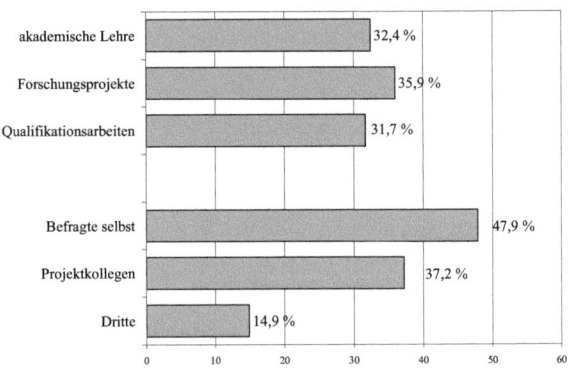

Abbildung 1: Wiederverwendung eigener Daten: Einsatzfelder und Nutzer/innen

Mehr als ein Drittel der Befragten (36,9 %) geben an, selbst schon einmal Sekundäranalysen durchgeführt zu haben, wenn auch vorrangig auf die eigenen Daten zurückgegriffen wurde. Insgesamt fielen immerhin knapp 20% der Sekundärnutzungen auf externe Datenquellen. Angesichts des Fehlens eines Archivs für qualitative Daten, scheint demnach eine unerwartet hohe Zahl von Forschern und Forscherinnen bereits „fremde" Daten sekundär zu nutzen.

	Häufigkeit	Prozente
Nein	270	63,1
Ja	158	36,9
Gesamt	428	100,0

Tabelle 9: Bisherige Sekundärnutzungen qualitativer Daten

Sieht man sich die Zwecke der Sekundärnutzungen an (vgl. Abbildung 2), so zeigt sich, dass diese vorrangig in Forschungsprojekten genutzt wurden, aber auch zu einem Drittel für die akademische Lehre und einem Viertel für Qualifikationsarbeiten.

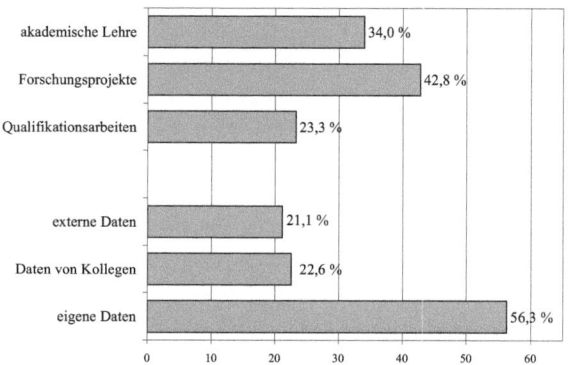

Abbildung 2: Einsatzfelder und Datenquellen der Sekundärnutzungen

Die Ergebnisse der schriftlichen Befragung hinsichtlich der Verbreitung der Sekundärnutzung qualitativer Daten in der deutschen Scientific Community erfahren durch die *Ergebnisse der mündlichen Befragung* eine Präzisierung und teilweise auch Korrektur, die eine theoretische und praktische Unvertrautheit der befragten Forscher/innen mit der Sekundäranalyse aufzeigen:

So werden eigene Daten für unterschiedliche Zwecke sekundär genutzt – ob für die akademische Lehre, die eigene Qualifikationsarbeit oder für Forschungszwecke, wie etwa zur Vorbereitung eines neuen Forschungsprojekts oder für weitere Analysen von bislang nicht ausgeschöpften Aspekten des Datenmaterials. Im Sinne einer „continous analytical exploration" (Åkerström/Jacobsson/ Wästerfors 2004: 345) nutzen Forscher/innen ihre Daten über das Ende des ursprünglichen Forschungsprojekts hinaus. Jedoch wird in diesen Fällen die weitere Auswertung häufig als Teil der originären Forschung betrachtet und gerät somit nicht als eine Sekundäranalyse ins Bewusstsein[87]. Daher kann davon

---

87 Selbst in der einschlägigen methodischen Literatur bestehen begriffliche Abgrenzungsprobleme, wenn die Frage aufgeworfen wird: „Where primary analysis stops and secondary analysis starts" (Heaton 1998).

ausgegangen werden, dass die Sekundäranalyse qualitativer Daten noch weiter verbreitet ist, als die Ergebnisse der schriftlichen Befragung aufzeigen – zumindest gilt dies für die Sekundäranalyse von Daten aus *eigener* Forschungsarbeit. Hinsichtlich der Sekundäranalyse *fremder*, d.h. nicht aus dem unmittelbaren Umfeld der Befragten stammender Daten ergeben sich dagegen umgekehrt Hinweise auf eine geringere Verbreitung, als die quantitativen Ergebnisse vermuten lassen: Die im Fragebogen zunächst angegebenen Sekundäranalysen fremder Daten erwiesen sich in der mündlichen Befragung nicht immer als solche, sondern stellten sich beispielsweise als Nutzung der *Ergebnisse* von fremden qualitativen Studien heraus. Ferner erwiesen sich – statt wie im Fragebogen angegeben – Erfahrungen mit fremden Daten nicht selten als Sekundärnutzungen eigener Daten.

Die wenig verbreitete sekundäranalytische Nutzung der Daten fremder Studien und die begriffliche Unsicherheit in den Aussagen der Befragten verweisen nicht nur auf deren theoretische und praktische Unvertrautheit mit der Sekundäranalyse qualitativer Daten, sondern auch auf einen Mangel in der Methodendiskussion insgesamt. In der qualitativen Scientific Community hat sich die Gewohnheit etabliert, Empirie mit Eigenerhebungen gleichzusetzen ohne die Möglichkeit einer Sekundäranalyse von Daten in Betracht zu ziehen, insbesondere dann nicht, wenn solche Möglichkeiten angesichts des fehlenden institutionalisierten Angebots an Daten kaum realisierbar sind. So verwundert es nicht, dass die meisten Befragten, die qualitative Daten bis dato nie sekundär nutzten, bisher keine (besondere) Veranlassung zur Sekundäranalyse qualitativer Daten sahen und/oder alle Ressourcen für die eigene Datenerhebung verwandten; bei denjenigen hingegen, die eine Sekundäranalyse durchaus schon in Betracht gezogen haben, spielte die Unkenntnis über bzw. der tatsächlich fehlende Zugang zu geeigneten (fremden) Daten eine entscheidende Rolle (vgl. Abbildung 3). Darüber hinaus verdeutlicht sich die mangelnde sekundäranalytische Forschungskultur häufig auch in der Form, dass mit der mündlichen Befragung und im Verlauf der Experteninterviews erstmals Reflexionsprozesse über die Sekundäranalyse und deren Potenziale angeregt wurden.

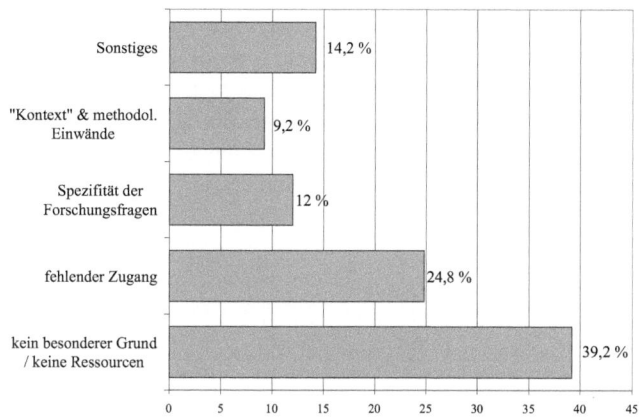

Abbildung 3: Gründe für das bisherige Ausbleiben der Sekundärnutzung

4.2.2   Interesse an Sekundärnutzung und Data Sharing

Die empirischen Befunde der Machbarkeitsstudie verdeutlichen insgesamt ein durchaus großes Interesse der deutschen qualitativ forschenden Scientific Community an Sekundärnutzungen und dem Aufbau einer entsprechenden Serviceinfrastruktur. So ergab die schriftliche Befragung, dass knapp zwei Drittel der Befragten sich vorstellen können, in der Zukunft qualitative Daten sekundär zu nutzen und nur jeder Zehnte eine zukünftige Sekundärnutzung ausschließen würde. Etwas über ein Viertel der Befragten war sich zum Befragungszeitpunkt noch nicht sicher.

	Häufigkeit	Prozente
Nein	37	9,2
Ja	261	64,6
Weiß nicht	106	26,2
Gesamt	404	100,0

Tabelle 10: Interesse an der zukünftigen Sekundärnutzung

Hier zeigte sich – wie in Abbildung 4 dargestellt –, dass vor allem oder gerade diejenigen mit Erfahrungen in der Sekundärnutzung sowohl von eigenen als auch von fremden Daten durchaus auch zukünftig auf andere als selbst erhobene Daten zurückgreifen würden. Immerhin deutlich mehr als die Hälfte derjenigen, die bislang noch keine Erfahrung mit der Sekundärnutzung qualitativer Daten haben, können sich eine solche in der Zukunft vorstellen.

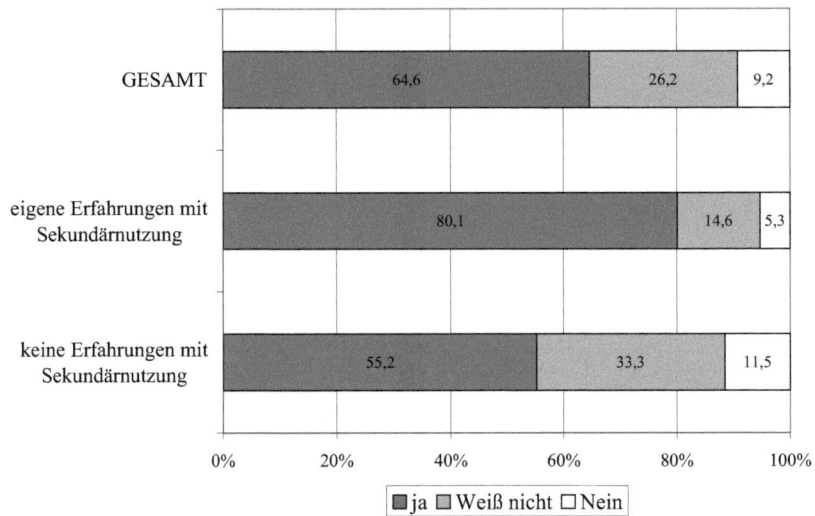

Abbildung 4: Interesse an zukünftiger Sekundärnutzung in Abhängigkeit von den eigenen bisherigen Erfahrungen

Die mündliche Befragung zeigt, dass dabei diverse potenzielle wissenschaftliche Anwendungsfelder für die Sekundärnutzung in Betracht gezogen werden. So wird die Sekundärnutzung etwa als Feldeinstieg zur Vorbereitung neuer eigener Untersuchungen, zur Erweiterung der eigenen Datensätze, für Follow-up-Studien, Vergleichsanalysen und für die Lehre als interessant eingestuft.

Die Seite des Interesses an der Durchführung von Sekundärnutzungen spricht demnach durchaus für die Machbarkeit der Etablierung einer Data Sharing-Kultur. Demgegenüber erfährt die Idee des Aufbaus einer Serviceinfrastruktur für die Archivierung und Weitergabe qualitativer Forschungsdaten mit beinahe 80 % der Befragten eine ebenso große Befürwortung. Und sogar über 80 % der

Befragten wären bereit, Daten aus zukünftigen Projekten für eine Nutzung durch Dritte bereitzustellen.

4.2.3 Potenziell archivierbare Interviewdaten

Die Dringlichkeit des Archivaufbaus wird zunächst darin deutlich, dass viele wichtige sozialwissenschaftliche Daten drohen, verloren zu gehen. Eine kleine Pilotstudie (Thompson 1998) zeigt, dass in England zum damaligen Zeitpunkt bereits 90 % aller qualitativen Daten aus sozialwissenschaftlichen Projekten, die vom *Economic and Social Research Council* (ESRC) finanziert wurden, vernichtet waren oder – in Privatwohnungen und Büros der Forscher/innen gelagert – drohten, verloren zu gehen.

Ergebnisse der Machbarkeitsstudie über den Verbleib von Daten aus ca. 1.100 Projekten (mit rund 80.000 Interviews) zeichnen nur auf den ersten Blick ein weniger dramatisches Bild für Deutschland. Daten von lediglich 13 % aller berichteten Projekte wurden bereits vernichtet. Zieht man aber in Betracht, dass 60 % der betrachteten Projekte erst 2003/2004 beendet wurden bzw. noch andauern – die Daten also höchstwahrscheinlich noch in Gebrauch sind – und der Berichtszeitraum lediglich die letzten 10 Jahre umfasst, ist der Anteil an bereits unwiederbringlich verlorenem Datenmaterial eher groß. Darüber hinaus drohen angesichts knapper Räumlichkeiten, Umzügen und Pensionierungen Datenverluste wie beispielhaft ein Auszug aus einer E-Mail zeigt, die ein Befragter der Machbarkeitsstudie am 26.4.2005 an das ALLF schrieb:

> Wie wichtig Ihre Initiative ist, zeigt der Umstand, dass beim Umzug des Seminars wegen Platzmangels das gesamte Archiv und Magazin „entsorgt" worden ist, u. a. auch sämtliche Interview-Unterlagen der Firma X-Untersuchung zur Anwendung des Betriebsverfassungsgesetzes. Bevor man also in die Methodologie geht, sollte man klären, wie sich die Entsorgung des Wissensvorrats vermeiden oder wenigstens verzögern lässt.

Angesichts der oben geschilderten Situation in Deutschland scheint der Befund verwunderlich, dass die Daten von knapp einem Viertel der Projekte bereits in Archiven aufbewahrt werden. Jedoch ergab eine Recherche nach diesen Archiven und die im Rahmen der Machbarkeitsstudie durchgeführten Experteninterviews, dass Räume in Instituten an Universitäten und anderen Forschungseinrichtungen gemeint sind, in denen die Daten nicht den Grundanforderungen an ein Archiv entsprechen, d.h. einfach nur gelagert wurden: z. T. noch als Audiodaten, oft nur teilweise transkribierte Interviewtexte in Papierform, häufig un-

105

anonymisiert, ohne physische Sicherheit, öffentlichen Zugang oder brauchbare Dokumentation und Katalogisierung. Trotz durchaus vorhandener Unsicherheit, Unkenntnisse und Skepsis gegenüber den Möglichkeiten und der Nützlichkeit einer Wiederverwendung von qualitativen Daten befürworten knapp 80 % der Befragten den Aufbau einer Infrastruktur für die Archivierung ihrer Daten oder auch als Bezugsquelle von fremd erhobenen Daten in Deutschland. Die Auswertungen zur Bestandsaufnahme in Deutschland verweisen auf eine große Anzahl an Studien, in denen qualitative Interviewdaten verwandt wurden, für die viele der Befragten auch die grundsätzliche Bereitschaft erklären, diese für Re- oder Sekundäranalysen durch Dritte zur Verfügung zu stellen (vgl. Tabelle 11).

„Wären Sie bereit, Interviewdaten aus laufenden oder beendeten Forschungsprojekten für eine zukünftige Fremdnutzung bereitzustellen?"

	Nein	Ja, ohne Vorbehalte	Ja, unter Bedingungen	Gesamt
Häufigkeit	154	40	196	390
Prozente	39,5	10,3	50,3	100,0

„Wären Sie grundsätzlich bereit, in zukünftigen Projekten produzierte Interviewdaten für eine Fremdnutzung bereitzustellen?"

	Nein	Ja, ohne Vorbehalte	Ja, unter Bedingungen	Gesamt
Häufigkeit	80	54	278	412
Prozente	19,4	13,1	67,5	100,0

Tabelle 11: Bereitschaft zur Datenabgabe (laufende/beendete und zukünftige Projekte)

Betrachtet man die erfassten Datensätze, die nicht vernichtet wurden oder bereits in ein Archiv gegeben wurden, ergäbe diese Abgabebereitschaft bereits heute *über 400 potenziell archivierbare Datensätze*, die der Scientific Community für Sekundärnutzungen zur Verfügung gestellt werden könnten. Diese potenziell archivierbaren Datensätze stammen inhaltlich zu über 60 % aus den

Bereichen Soziologie, Politikwissenschaft und der Bildungsforschung bzw. Erziehungswissenschaft und decken ein breites Spektrum wissenschaftlich und gesellschaftlich bedeutsamer thematischer Felder ab, wie beispielsweise: Gender/Paarbeziehungen/Familie, Beruf/Arbeit, Migration, (lebenslanges) Lernen, Alter, Jugend, Umwelt, Ost-West, Medien, Lebensführung. Laut Einschätzung der Primärforscher/innen versprechen diese Datensätze weitergehendes Analysepotenzial für Forschungsprojekte (90 %), aber auch für Qualifikationsarbeiten und für den Einsatz in der akademischen Lehre (jeweils 75 %).

Die potenziell bereits archivierbaren Interviewdaten in Deutschland ergäben somit eine durchaus gute Grundlage für die Einführung einer Kultur des Data Sharing. Ebenso ist diesbezüglich das überwiegende Interesse der Scientific Community an Sekundärnutzungen qualitativer Daten und einer entsprechenden Infrastruktur positiv zu betrachten. Doch ergibt sich für beide Seiten – die Seite der Sekundärnutzung als auch die Seite der Datenbereitstellung – die Notwendigkeit, die Bedingungen, unter denen ein Data Sharing erst ermöglicht werden kann, näher zu betrachten.

4.2.4 Bedingungen für die Sekundärnutzung

Wesentlich für den Aufbau einer Serviceinfrastruktur für qualitative Interviewdaten und deren Nutzung ist die Sicherung der Datenqualität durch eine entsprechende Aufbereitung. Vom Blickwinkel potenzieller Datennutzer/innen werden spezifische Anforderungen an die Daten als Voraussetzungen einer eigenen Durchführung von Sekundäranalysen gestellt.

Die schriftliche Befragung ergab als mit Abstand wichtigste Voraussetzung für die Sekundärnutzung von Interviewdaten eine umfassende Dokumentation des Forschungsprozesses. Ebenfalls wichtig aus Sicht der Sekundärnutzung sind eine gute Transkription und die Digitalisierung der Daten. (Vgl. Tabelle 12)

	Häufigkeit	% an Gesamt
Dokumentation des Forschungsprozesses	160	29,5
Transkription / Optimierung der Transkription	88	16,2
Digitalisierung / Kompatibilität	55	10,1
Gewährleistung Datenqualität / Spez. method. Aspekte	52	9,6
Anonymisierung & Gewährleistung Datenschutz	33	6,1
Systematisierung / Katalogisierung	29	5,3
Zugang zu Originaldaten / Tonbandaufnahmen	24	4,4
Passung der Fragestellung	15	2,8
Kontakt-/Rücksprachemöglichkeit mit Primärforscher	13	2,4
Aktualität / Vergleichbarkeit	12	2,2
leichter Zugang / Onlinezugang / Kostenfrei	12	2,2
Zugang zu Auswertungen/Publikationen	10	1,8
CAQDAS-Format	7	1,3
Sonstiges	33	6,1
GESAMT DER NENNUNGEN	543	100,0

Tabelle 12: Anforderungen an Interviewdaten für die Sekundärnutzung

Die Bedeutung dieser Anforderungen an die Daten und ihre Aufbereitung lassen sich auch aus den erfahrenen Schwierigkeiten bei der Durchführung von Sekundäranalysen ableiten. Zwar berichtete nur insgesamt ein Fünftel der Befragten (33 von 158 Personen) von Schwierigkeiten, doch diese betrafen grundsätzliche Probleme wie die Nachvollziehbarkeit der Daten (29,3 %) und unzureichende Dokumentation und Information über den Forschungskontext (14,6 %), sowie die ungenügende Aufbereitung (22,0 %) und Unvollständigkeit der Daten (9,8 %). Interessant in diesem Zusammenhang scheint möglicherweise der Befund, dass die in der schriftlichen Befragung berichteten Schwierigkeiten mit der Nachvollziehbarkeit und Kontextualisierung der Daten auch bei Sekundäranalysen *eigener* Daten auftraten. Erinnerung muss nicht zuverlässig sein und schwindet mit der Zeit, ebenso wie die intellektuelle und emotionale Verstrickung (vgl. auch: Mauthner/Parry/Backett-Milburn 1998). In Verbindung mit einer unzureichenden Dokumentation bzw. dem fehlenden Festhalten der Kontextinformationen können so auch eigene Daten „fremd werden".

Angesichts der Relevanz der Kontextualisierung und Dokumentation für die sekundäre Nutzbarkeit von Interviewdaten, stellt sich die Frage, wie eine in diesem Sinne angemessene Aufbereitung auszusehen hat. Die Ergebnisse der mündlichen Befragung geben diesbezüglich nähere Auskünfte.

Seine Bedeutung erhält das Kontext-Argument dadurch, dass insbesondere mit der Sekundäranalyse *fremder* Daten durch die fehlende persönliche Beteiligung in der Erhebung, ein Mangel an Kontextinformationen assoziiert wird.

Auf der Ebene einer Studienbeschreibung sollten Kontextbeschreibungen der Untersuchungssituation daher über übliche Projektbeschreibungen – wie sie z.B. in entsprechenden Kapiteln in Veröffentlichungen, Forschungsanträgen und -berichten zu finden sind – hinausgehen und neben allen Eckdaten der Datenerhebung auch Auswertungsteile – wie z.B. exemplarische Fallanalysen – enthalten, die zudem für die Beurteilung des Analysepotenzials und der Geeignetheit der Daten für die jeweilige Sekundärnutzung hilfreich sein können.

Die Kontextualisierung qualitativer Interviewdaten setzt darüber hinaus besondere Qualitätsmaßstäbe auf der Ebene der einzelnen Interviews. Für die Sekundärnutzung bestimmte Interviewtranskripte haben einen Anspruch auf Vollständigkeit als auch Genauigkeit zu erfüllen, der folgende Aspekte umfasst: Kennzeichnung von Sprechern, Sprecherwechseln und Pausen, Berücksichtigung einer Sprachadäquanz, die etwa Soziolekte und Umgangssprache aber nicht unbedingt Dialekte berücksichtigt. Diese Anforderungen an die Transkription rekurrieren zum Teil auf Schwierigkeiten im Umgang mit nicht optimalen Interviewtranskripten, von denen Befragte berichten. So nutzte beispielsweise eine Befragte (Int. 35) Interviews, die sehr unterschiedlich, oft ungenau und lückenhaft transkribiert waren. Sie empfand es als Mangel, nicht zu wissen, wie die Interviews geführt worden waren und was ausgelassen wurde. In einem anderen Fall (Int. 9), in dem es schließlich gar nicht zur Sekundäranalyse der vorliegenden Transkripte kam, gab es die Schwierigkeit herauszufinden, „wer was gesagt hat" (ebd.) (in der Gruppendiskussion!).

Ungeachtet der Bedeutsamkeit des Interviewtranskriptes als ein elementares (und erstes) Mittel, um den Erhebungskontext nachzuvollziehen, werden darüber hinaus Metainformationen über das Interview als soziale Situation (bzw. „soziales Arrangement", Mey 2000) relevant. Während diese Art von Informationen bzw. dieses soziale Element in der Primärforschung über die Erinnerung und Reflexion des Forschers oder der Forscherin in die Auswertung einfließen kann, bleibt die Vermittlung dieses Teils des Entstehungskontextes der Daten in der Sekundäranalyse zunächst aus. Oder wie eine Befragte den selbst erfahrenen Unterschied zwischen einer Sekundäranalyse fremder Daten und der Analyse eigens erhobener Daten formuliert:

> Also gerade als Element von qualitativer Forschung finde ich das auch spannend, die Interviewsituation wirklich selbst zu erleben und dann anhand der Transkripte, die man hat oder anhand der Notizen, die man sich macht, das dann noch mal nachzuverfolgen, sich in Erinnerung zu rufen, eben gerade bei der Auswertung zu wissen, wie hat die Stimme geklungen, (…), was war da so ein Ausdruck, für ein Stimmfall, was für Pausen hat es vielleicht gegeben, wie war die Mimik, das sind eben alles so Sachen, die man dann schon verliert, das ist klar. (Int. 32)

Forscher/innen äußern in diesem Zusammenhang den Bedarf einer alternativen Kontextualisierung, die Informationen über die gesamte Interviewsituation umfasst, d.h. über interpretationsrelevante nonverbale Äußerungen der Interviewten, über mögliche, das Interview beeinflussende Ereignisse (z.B. Anwesenheit Dritter), Eindrücke des Interviewers bezüglich der Interviewatmosphäre und der stattgefundenen oder nicht erfolgten Entwicklung des Vertrauensverhältnisses zwischen den Interviewpartnern.

In den Erzählungen über Erfahrungen mit Sekundäranalysen lassen sich zwei Umgangsweisen mit dieser Problematik finden: In einem Fall wurden über Rücksprachen mit dem Primärforscher, der die Interviews durchgeführt hatte, entsprechende Metainformationen zu den Interviews erfragt. In einem zweiten Fall konnte der Sekundärforscher, der keinen persönlichen Kontakt zu der Datenerheberin des originären Projekts hatte, über eine schriftlich festgehaltene Dokumentation eine Kontextualisierung erhalten, die er als hilfreich empfand:

> Diese Sachen, die man so wahrnimmt als Interviewer auch an sich sicherlich subjektiv sind, aber die waren hier festgehalten und haben einfach ein bisschen – waren für mich 'ne Hilfe, mich 'reinzuversetzen auch in dieses Gespräch, das da stattgefunden hat. (Int. 20)

Diese Notizen enthielten Informationen über die gesamte Interviewsituation und ihre Rahmenbedingungen (z.B. Kommunikation im Vorfeld, Ort und Wohnverhältnisse) sowie die Eindrücke des Interviewenden bezüglich Interviewatmosphäre und Interviewpartner/in[88].

Die Ergebnisse der Befragungen machen zudem deutlich, dass qualitative Forschung, sofern sie ihre Daten per Interview erhebt, überwiegend eine Textwissenschaft zu sein scheint und die Analysearbeit überwiegend an den

---

88 Eine derartige schriftliche Dokumentation sieht beispielsweise das Interviewverfahren des problemzentrierten Interviews in Form der Postskripte vor (Witzel 2000b).

Transkripten passiert. Vergleichweise selten wurde in der schriftlichen Befragung der Zugang zu den Originaldaten, resp. Tonbandaufnahmen, als eine Datenanforderung genannt (vgl. Tabelle 12). Innerhalb der mündlichen Befragung wurde der Zugang zum Originalmaterial als eine Idee der ergänzenden oder alternativen Form der Kontextualisierung der Interviewsituation geäußert, um einen authentischeren Eindruck von der Interviewsituation – im Wesentlichen der Stimmen und der Stimmung – zu vermitteln.

4.2.5   *Bedingungen der Datenbereitstellung*

Die Schaffung eines Angebots an qualitativen Interviewdaten für die Sekundärnutzung ist auch vom Blickwinkel potenzieller Datengeber/innen mit spezifischen Anforderungen an die Daten und Bedingungen ihrer Bereitstellung verbunden. Wenngleich in der schriftlichen Befragung der Machbarkeitsstudie eine große Bereitschaft, eigene Interviewdaten für eine Sekundärnutzung zur Verfügung zu stellen, festgestellt werden konnte, wurde diese Abgabebereitschaft mehrheitlich an Bedingungen geknüpft (vgl. Tabelle 11). Wie die folgende Tabelle (vgl. Tabelle 13) zeigt, sind demnach zwei Themenbereiche für die Datenabgabebereitschaft von Primärforscherinnen und –forschern von zentraler Bedeutung: zum einen die Wahrung datenschutzrechtlicher und forschungsethischer Fragen und zum anderen die Frage der Beibehaltung (oder des Verlustes) der Kontrolle über die Weitergabe der eigenen Daten.[89]

---

89 Auch in der österreichischen Machbarkeitsstudie erwiesen sich diese beiden Punkte als die mit Abstand wichtigsten Bedingungen und Bedenken bzgl. der Weitergabe eigener Daten (Asensio/ Kritzinger/Müller/Smioski 2008: 49-53).

	alte / aktuelle Daten	zukünftig
Wahrung von Datenschutz & Anonymität	26,2	26,5
Einwilligung der Interviewpartner	4,1	30,5
Kontrolle des Primärforschers über Weitergabe	25,8	10,2
Geringer Aufwand / Finanzierung für Aufbereitung	8,3	6,1
Angabe des Primärforschers bei Publikation	4,5	5,9
Nach Sperrfrist / eigener Verwertung	4,9	3,4
Nur Weitergabe der Transkripte, nicht der Bänder	0,4	3,2
Bei Projektkooperation/Datenaustausch	4,1	3,0
Genehmigung durch Auftraggeber	6,7	2,9
Problem der Kontextualisierung gelöst	1,5	0,4
Sonstiges	13,5	7,9
	100,0	100,0

Tabelle 13: Bedingungen für die Weitergabe von Daten (in Gegenüberstellung: laufende/beendete und zukünftige Projekte) (Angaben in %)

4.2.5.1 Datenschutz und Forschungsethik

Die mit Abstand wichtigste Bedingung für die Bereitstellung von Interviewdaten stellt die Wahrung der Anonymität der jeweils interviewten Personen und die datenschutzrechtliche Zulässigkeit der Weitergabe dar. Für die Bereitstellung zukünftiger Daten kommt hinzu, dass befragte Forscher und Forscherinnen besonderen Wert auf die Einwilligung der Interviewten legen.[90] Auch viele derjenigen, die eine Datenweitergabe verweigern, führen diese Punkte zur Begründung an.

---

90 Diese von den Forschenden geäußerten Bedingungen gehen konform mit unserem, im Rahmen des vorliegenden Buches vorgestellten Datenschutzkonzept für das Data Sharing qualitativer Interviewtranskripte (vgl. Kap. 3.2).

Der Anspruch auf einen vertraulichen Umgang mit den Daten hängt zum einen mit der Natur qualitativer Interviewdaten zusammen, weil sie in der Regel reich an persönlichen Details aus dem Leben der untersuchten Personen sind. Zum anderen begründet eine spezifische Wahrnehmung der Beziehung zwischen Forscher/in und Forschungssubjekt den hohen Anspruch auf Vertraulichkeit. Insbesondere die mündliche Befragung zeigt, dass entsprechende Bedenken daher nicht mit der bloßen Einhaltung von (datenschutz-)rechtlichen Bestimmungen übereinstimmen sondern vielmehr forschungsethischer Art sind.

Durch die persönliche, u. U. sogar emotionale (vgl. Richardson/Godfrey 2003) Beziehung, die sich im Verlauf eines Interviews aufbaue, fühlen sich Forscher/innen den Interviewten gegenüber verantwortlich. Aufbauend auf der Annahme, dass die Vertrauensbeziehung und die datenschutzrechtlich gegebenen Zusagen die Grundlagen einer (erfolgreichen) Erhebung seien, würde die Nutzung durch einen außen stehenden Dritten einen Vertrauensbruch bedeuten und die Erhebungsgrundlage in Frage stellen. Als praktische Konsequenz könnte dies zudem unerwünschte Auswirkungen auf die Interviewbereitschaft nachziehen, wie ein Befragter im folgenden Zitat erläutert:

> Also es wird immer gesagt, man wollte eine Atmosphäre des Vertrauens aufbauen, (…) aber das Vertrauen, das ist auch was, was eine Gültigkeit hat (…). Also nicht nur deshalb, weil man sich damit ein Feld vergiften würde, wenn sich 'rumspricht, dass welche Nachteile dadurch erfahren haben, dass sie interviewt wurden, zum Beispiel. (Int. 2)

In den Darlegungen der befragten Forscher/innen findet sich kein Beispiel für einen tatsächlich eingetreten Fall einer Beeinträchtigung oder Schädigung, die einem Interviewten aus einem Interview oder einer Sekundäranalyse des Interviews erwachsen ist. Jedoch werden von befragten Forscherinnen und Forschern Risiken ausgemacht, die sich zum einen innerhalb der wissenschaftlichen Nutzung verorten lassen, zum anderen außerhalb der Wissenschaftssphäre gesehen werden. So wird etwa die (gezielte) Verunglimpfung von untersuchten Personen oder Gruppen typischerweise durch außerwissenschaftliche Institutionen, wie z.B. den Medien, vermutet:

> Solange jetzt Schulforscher die Daten benutzen, hätte ich kein Problem, aber was wäre, wenn jetzt irgendwie die Satire-Zeitschrift XY das wäre (…). Stellen Sie sich vor, Sie machen Beobachtungen im Krankenhausalltag, oder Kita (…), oder beschreiben Sie in diesen Beobachtungen, Beobachtungsprotokollen, wie Erzieher in der Kirche gucken, dass sie sich zurückziehen und quasseln und was die Kinder dann machen und so, das kann ja benutzt werden, um den ganzen Berufsstand zu verunglimpfen, und nicht mehr für erziehungswissenschaftliche Forschung. (Int.10)

Innerhalb der wissenschaftlichen Nutzung dagegen wird kein Interesse an einer derart gezielten Verunglimpfung von Forschungssubjekten oder der gezielten Offenlegung personenbezogener Daten ausgemacht.[91] Ein Risiko des unethischen Gebrauchs wird vielmehr darin gesehen, dass Daten für brisante Forschungsfragen genutzt werden könnten, für die keine Einwilligung gegeben wurde:

> (…) wenn jemand mal einen Ost-West-Vergleich machen will, kriegt er vom Sampling her natürlich eine enorme Breite. Dafür ist das Material wunderbar zu nutzen und da hätte ich zum Beispiel auch überhaupt kein Problem, (…) weil ich auch, wie ich mein Sampling kenne, weiß, die hätten damit kein Problem. Aber wenn's dann wie gesagt jemand nimmt, um sexuellen Missbrauch zu analysieren, dann hätten die ein Problem damit (…). Es muss nicht hundertprozentig jetzt der Auswertungszweck sein, zu dem es erhoben worden ist, aber es muss einer sein, von dem ich annehme, es wäre okay für die Interviewpartner. (Int. 5)

Diese besondere Brisanz der Datenschutzproblematik wird dabei eher auf die Weitergabe von Interviews bezogen, bei denen die persönliche Lebensgeschichte der Befragten im Mittelpunkt steht und die daher sensible Daten zur befragten Person enthalten (können). In diesem Sinne wird dagegen die Sekundärnutzung von Experteninterviews, soweit sie sich auf Aussagen über Funktionsträger in Organisationen beschränken, als weitaus weniger problematisch eingeschätzt. Andererseits gilt bei Experteninterviews die mögliche Wiedererkennbarkeit einzelner Interviewpartner/innen zu bedenken, wenn die Interviews sich auf kleine Befragtengruppen und eingeengte Untersuchungsfelder beziehen (Int. 1). Dies führt zu der Frage der Anonymisierung oder Anonymisierbarkeit qualitativer Interviews.

Die Vorstellungen über notwendige Schritte zur Gewährleistung eines forschungsethisch korrekten Umgangs machen deutlich, dass die Anonymisierung biografischer Interviewtexte als notwendiger Schritt betrachtet wird. Aufgrund der darin enthaltenen Reichhaltigkeit an vielen persönlichen Details zu den Lebensgeschichten und dem persönlichen Umfeld der Untersuchungspersonen stellt sich qualitativen Forschenden jedoch die Frage, wie eine geeignete Anonymisierung überhaupt gestaltet werden kann. Erschwerend kommt hinzu, dass Lösungen der Datenschutzproblematik den Befund berücksichtigen müssen, dass Wissenschaftler/innen auf der einen Seite als Datengeber/innen Verletzungen von Datenschutzregeln durch Sekundärnutzer/innen befürchten, auf der

---

91 Wie die Ergebnisse der Machbarkeitsstudie zeigen, sind sich Wissenschaftler/innen im Gegenteil ihrer Verantwortung gegenüber den Forschungssubjekten äußerst bewusst.

anderen Seite als Datennutzer/innen aber sehr viel Wert auf hochsensible Originaldaten und umfangreiche Kontextinformationen über die Interviews als Voraussetzung für Sekundäranalysen legen (vgl. Kapitel 4.2.4.1).

In der Forschungspraxis kommen bislang unterschiedliche Anonymisierungsstrategien zur Anwendung: Zum Teil werden personenbezogene Informationen über die Befragten gelöscht/„geschwärzt", Pseudonyme vergeben oder Daten im Sinne der „Legung falscher Fährten" verändert. Eine sekundäranalytische Erfahrung eines Befragten zeigt, dass insbesondere diese letzte Form der Anonymisierung, personenbezogener Daten in Interviewtranskripten gezielt zu verfremden, ungeeignet scheint für Sekundäranalysen, in denen sozialstrukturelle Daten von großer Bedeutung sind (z. B. explorative Feldstudien):

> Der Punkt, der sich dann im Laufe der Zeit herausstellte, war aber, dass die Zurverfügungstellung des Materials schon erste Anonymisierungsschritte unternommen hatten (…). Die verschrifteten Daten [wurden] so verfremdet, dass dann Kontextvariablen entstanden, die für meine Begriffe nicht mehr nachvollziehbar waren. Das heißt, das wurde dann so toll anonymisiert, dass es Sinn verzerrend war. (Int. 15)

Dieses Beispiel verdeutlicht exemplarisch den Bedarf, Anonymisierungsstrategien zu entwickeln (und anzuwenden), die die Relevanz von Kontextinformationen für die Analyse mitberücksichtigen.

4.2.5.2   Beibehaltung der Kontrolle über die Daten

Neben der zentralen Bedingung für die Datenweitergabe, Anonymität und Vertraulichkeit von jeweiligen Interviewpartnern zu gewährleisten, stellt die Beibehaltung der Kontrolle über die weitere Nutzung der eigenen Daten die zweite wesentliche Abgabebedingung dar (vgl. Tabelle 13). Dazu gehört u. a. die Information, *wer* die Daten *wofür* nutzt oder aber auch die Genehmigung durch den Datengeber für jede einzelne Weitergabe.

Die mündliche Befragung zeigt, dass mit einer Datenbereitstellung verschiedene Befürchtungen des „Missbrauchs" der eigenen Daten durch Dritte verbunden werden, die dieses Bedürfnis nach Beibehaltung der Kontrolle über die Weiterverwendung der eigenen Daten begründen als auch zur prinzipiellen Ablehnung der Ermöglichung von Sekundäranalysen führen können. Zum einen spiegelt sich auch hier die besondere Sorgfalts- bzw. Fürsorgepflicht qualitativer Forscher/innen gegenüber ihren Forschungssubjekten wider, die vor unangemessenem Umgang mit ihren vertraulich gegebenen Narrationen schützen möchten. Zum anderen hat das Bedürfnis nach Kontrolle und Entscheidungshoheit über die selbst erhobenen Daten auch mit dem Gedanken zu tun, dass das gewohnte Verhältnis von Forschung und ihren Ergebnissen als „private property of individual investigators" (Parry/Mauthner 2004) gewahrt bleiben soll.

Ein Aspekt dieses Kontrollbedürfnisses bildet die Thematik des positiven Ertrags für die eigene Karriere. Data Sharing wird in diesem Sinne unter dem Aspekt betrachtet, inwiefern der eigene Aufwand der Datenerhebung entsprechend die eigene wissenschaftliche Reputation und Laufbahn befördert, und nicht dazu führt, dass wohlmöglich die Konkurrenz aus der Nutzung der *eigenen* Daten *einseitig* Erfolg erntet. Das Bedürfnis nach Beibehaltung der Kontrolle über die eigenen Daten kann aber auch in einer Unsicherheit begründet sein, die eigenen Daten einem (über-)kritischen Blick von Fachkollegen auszusetzen. Ein wesentliches Motiv stellt dabei die mögliche Infragestellung der eigenen Forschung durch Kritik der methodischen Vorgehensweise der Erhebung, Aufdeckung von Fehlern etwa bei der Interviewführung und insbesondere durch Kritik an vermeintlich empirisch nicht belegbaren Ergebnissen dar. Die Bedenken verweisen auf Konkurrenzerfahrungen der Befragten sowohl im Wissenschaftsbetrieb insgesamt als auch innerhalb von Forschungsteams selbst. So wird beispielsweise von Konflikten hinsichtlich der Gültigkeit von Forschungsergebnissen berichtet, die innerhalb der Forschungszusammenhänge der Primärstudie – etwa in Kooperationen, Forschungsgruppen innerhalb eines Instituts oder innerhalb eines Projekts, in dem Auswertung und Erhebung (teilweise) personell getrennt sind – auftraten. Der Befragte aus Interview 15, der erst nach der Erhebungsphase zum Projektteam dazu stieß, erfuhr derlei Differenzen:

> Der Punkt ist, das Paradeinterview, Familie B, da waren wir uns unglaublich einer Meinung. Und bei einigen anderen Familien differierten meine Einschätzungen mit denen des Restteams an einigen Punkten schon erheblich. (Int. 15)

Die Befürchtungen der Befragten von Konflikten hinsichtlich unterschiedlicher Interpretationsweisen oder des Aufdeckens vermeintlicher Fehler erschöpfen sich jedoch nicht in dem bloßen Umstand der Konkurrenz. Angesichts der Vielfalt qualitativer Ansätze und der mangelnden Standards in diesem weiten Methodenfeld, kann eigentlich kaum von *einer* qualitativen Forschung gesprochen werden (vgl. Hitzler 2007; Hollstein/Ullrich 2003; Lüders 2005; Mey/Mruck 2007; Reichertz 2007). Eine Wissenschaftssphäre unterstellt, in der Wissenschaftler/innen eine hohe Konkurrenz erfahren, wird diese Vielfalt und metho-

dologische Unbestimmtheit u. U. zu einem verschärfenden Mittel der Konkurrenz, – wie der Befragte in folgendem Zitat zum Ausdruck bringt:

> Im Qualitativen ist man eigentlich immer anfechtbarer als im Quantitativen (…). Also da kann
> leicht ein Geschmäckle aufkommen. (…) Es ist (…) ein ziemlich hartleibiger Betrieb und ich
> weiß es nicht, ob ich es gerne hätte, wenn also bestimmte Leute da mit meinen qualitativen Da-
> ten 'rumfummeln würden, die für mich perfekt sind oder fast perfekt, aber andere eben andere
> Maßstäbe anlegen (….). Und die Maßstäbe im Qualitativen- im Quantitativen sind die klar, im
> Qualitativen sind die nicht klar, überhaupt nicht. (Int. 6)

Um nicht zu einer Hürde für ein wissenschaftliches Data Sharing zu werden[92],
sollte die Konzeption einer zukünftigen Datenakquisition und Weitergabepraxis
auch derartigen Befürchtungen und dem Bedürfnis nach Kontrolle Rechnung
tragen.[93]

4.2.6   Neue Anforderungen der Datenaufbereitung an „alte" Daten

Die in den beiden vorangegangen Kapiteln dargestellten Ergebnisse der Machbarkeitsstudie zeigen, dass mit der Sekundärnutzung qualitativer Interviewdaten
spezifische Anforderungen an die Datenaufbereitung gestellt werden. Gemessen
an diesen Anforderungen stellt sich die bisherige Datenaufbereitungspraxis in
qualitativen Forschungsprojekten als mangelhaft dar – wie die Beschaffenheit
der erfassten 1.100 Datensätze mit insgesamt 80.000 Interviews exemplarisch
zeigt:

In knapp der Hälfte der Fälle liegen die Daten in elektronischer Form vor,
weitere 30 % in Papierform und die restlichen 20 % im Audioformat. Die Befragung zeigte, dass das Vorliegen der Daten in elektronischer und vorzugsweise computerfähiger Form als wichtige Voraussetzung für eine Sekundärnutzung
genannt wird. Hinsichtlich der ebenso bedeutsamen Aufbereitungsschritte der
Transkription und Anonymisierung der Daten ergab die schriftliche Befragung,
dass mehr als 40 % der Befragten zu den Interviews aus ihren Projekten über-

---

92 Corti (2000) beschreibt dieses Moment („Vulnerability: Fear of Exposure", Abs. 25) als eine
    der Entwicklung von qualitativen Archiven entgegenstehenden Hürde.
93 Etablierte Archive wie z. B. das GESIS-Datenarchiv sehen in ihren Benutzungsordnungen die
    individuelle Vergabe von Zugangsbeschränkungen vor, in denen Daten gebende For-
    scher/innen die Entscheidungshoheit über Nutzungszweck und Nutzer behalten. Vergleiche
    hierzu die Benutzungsordnung des Archivs und die darin festgelegten Zugangskategorien:
    http://www.gesis.org/dienstleistungen/daten/recherche-datenzugang/datenarchiv-
    service/benutzungsordnung/ [Zugriff: 24.11.2009]

wiegend keine bzw. nur unzureichende Transkripte vorliegen haben und die Daten für eine Weitergabe auch nicht ausreichend anonymisiert sind. Darüber hinaus zeigen die Ergebnisse der mündlichen Befragung, dass in den Forschungsprojekten keine einheitlichen Anonymisierungsstrategien angewendet werden: Teilweise werden personenbezogene Informationen über die Befragten gelöscht/„geschwärzt", Pseudonyme vergeben oder Daten im Sinne der „Legung falscher Fährten" verändert. Ferner liegt in einem Viertel der Fälle auch keine ausreichende Dokumentation vor. Die Dokumentationen beschränken sich in der Regel lediglich auf knappe Projektbeschreibungen, wie sie z.b. in entsprechenden Kapiteln in Veröffentlichungen sowie Forschungsanträgen und -berichten üblich sind.

Angesichts des hohen Stellenwerts einer anwenderfreundlichen Aufbereitung der Daten für die Sekundärnutzung einerseits und der als mangelhaft zu kennzeichnenden Qualität der Aufbereitung durch die Primärprojekte andererseits ist eine Archivierung von *Daten aus bereits abgeschlossenen Projekten* mit Schwierigkeiten und einem beträchtlichen Aufbereitungsaufwand verbunden. Trotzdem erklärte sich ein Fünftel der Befragten bereit, die für eine Weitergabe notwendigen Aufbereitungsschritte selbst zu übernehmen, 17 % könnten zumindest einen Teil dieser Arbeiten durchführen und weitere 17 % macht die Übernahme vorgenannter Arbeiten abhängig von den vorhandenen Ressourcen. *Für die Zukunft* ergäbe sich die Notwendigkeit, adäquate und einheitliche Kriterien oder Standards für die Datenaufbereitung in Primärprojekten zu entwickeln, damit eine zur Datenerhebung zeitnahe angemessene Aufbereitung und Kontextualisierung der Daten gewährleistet werden kann. Es ist anzunehmen, dass die Bereitstellung solcher Standards, insbesondere hinsichtlich des korrekten datenschutzrechtlichen bzw. forschungsethischen Umgangs, auch sehr viel mehr Forscher/innen dazu bewegen würde, zukünftige Daten für eine Sekundärnutzung bereitzustellen. Folgende Erläuterung einer Befragten stützt diese Annahme:

> Also ich kann es mir nicht so gut vorstellen, das Material, was wir jetzt haben, bereitzustellen. Einfach weil das viel Aufwand wäre und weil ich die Rechte klären müsste. Aber wenn man das von vornherein weiß und sozusagen schon in der Antragstellung signalisiert wird: das könnte von Interesse sein, dass man das Material weitergibt, dann müsste man das so und so aufbereiten. Wenn man das von vornherein mit einkalkulieren kann, dann würde ich das, denke ich, auch tun. Ich könnte mir auch vorstellen, dass das dann andere machen. (Int. 3)

Während die Durchführung einer angemessenen Aufbereitung qualitativer Forschungsdaten – aus Gründen der unmittelbaren Nähe zu Erhebungskontext und

Forschungssubjekten – idealiter beim Primärforschungsteam liegen sollte, könnte die Entwicklung und Vorgabe solcher Standards im Rahmen der Servicefunktionen einer professionellen Infrastruktur zur Aufbereitung, Sicherung und Vermittlung qualitativer Forschungsdaten gewährleistet werden (wird auch als eine Leistungserwartung genannt, vgl. Tabelle 14).

4.2.7 Erwartungen an die Servicefunktionen und Organisationsweise eines Archivs

Der Aufbau einer Serviceinfrastruktur für die Archivierung und Weitergabe qualitativer Forschungsdaten erfährt eine insgesamt hohe Befürwortung durch die befragten Forscher/innen (80 %). Diese Forderung nach einer Servicestelle ist selbstverständlich mit Leistungserwartungen verbunden, die durch eine offen gestellte Frage im Fragebogen ermittelt wurden (vgl. Tabelle 14).

	Häufigkeit	% an Gesamt
Systematisierung / Katalogisierung	119	21,2
Leichter Zugang / Onlinezugang	92	16,4
Dokumentation des Forschungsprozesses	71	12,7
Umfassende Service- und Beratungsleistungen	44	7,8
Sicherung & Bereitstellung von Daten	28	5,0
Aufbereitung der Daten / Transkription / CAQDAS	25	4,5
Kontakt / Rücksprache mit Primärforscher	24	4,3
Vorgabe & Gewährleistung von Standards	22	3,9
Digitalisierung / Kompatibilität	21	3,7
Zugangsbeschränkungen	19	3,4
Gewährleistung Datenschutz & Anonymisierung	11	2,0
Archiv als Vermittlungsstelle	8	1,4
Sonstiges	77	13,7
GESAMT DER NENNUNGEN	561	100,0

Tabelle 14: Leistungserwartungen an ein Archiv

Die potenziellen Nutzer/innen einer solchen Infrastruktur sehen in der Systematisierung und Katalogisierung der Bestände deren wichtigste Aufgabe. Damit im Zusammenhang steht auch die Forderung nach unkomplizierten Zugangsmöglichkeiten zu den Daten, womit insbesondere der Zugriff auf Dokumentationsmaterial per Internet und eine schnelle, möglichst elektronische Übermittlung der Daten gemeint ist. Eine zentrale Aufgabe eines Archivs wäre somit, durch den Aufbau einer *informativen, Online-zugänglichen Datenbank mit benutzerfreundlicher Suchmaske* Forschern und Forscherinnen eine einfache und gute/systematisierte Recherchemöglichkeit nach bereits erhobenen und archivierten Daten in ihrem Forschungsgebiet zu schaffen.

Ungeachtet der tatsächlichen Realisierung von Sekundärnutzungen könnte eine solche Datenbank viele Forscher/innen dazu bewegen, im Vorfeld eigener Erhebungen zunächst zu prüfen, ob es bereits Datenmaterial zu ihren Fragestellungen gibt. Dies wäre sowohl im Sinne einer effizienten Forschung und insbesondere Forschungsfinanzierung als auch im Sinne einer ethisch vertretbaren Forschung sinnvoll, da die Wiederholung der gleichen Befragungen und Überbefragungen gleicher Forschungssubjekte vermieden werden könnten (vgl. auch Fielding 2000, Abs. 20; Metschke/Wellbrock 2000). Aus der Sicht potenzieller Sekundärnutzer/innen kann eine derartige Datenbank ein technisches Instrument darstellen, welches hilft, die erste Schwelle zur Nutzung vorhandener, fremd erhobener Daten zu überwinden – wie in folgendem Zitat von einer Befragten erläutert wurde:

> Das wäre sicherlich natürlich interessant, wenn man da eine Datenbank zu erstellen könnte, die einfach auch von außen nutzbar wäre, also nicht, um das Material sofort 'runterzuladen, das geht eben nicht so einfach, aber dass man zumindest, dass ich von hier aus sehen kann, ob, wo auch immer dieses Archiv dann ist, ob es da möglicherweise interessante Interviews zu Unternehmen gibt. (...) Und vielleicht eben auch noch [über] diese Stichwortebene abfragen kann, aber das wäre schon sehr sinnvoll. Weil die Schwelle natürlich schon sehr groß ist, auf bereits bestehendes Material zurückzugreifen. Und dann wäre dieser vereinfachte technische Zugang, um 'rauszufinden, was überhaupt da ist, sehr hilfreich. (Int. 3)

Gleichzeitig problematisieren befragte Forscher/innen die Qualität eines geeigneten Suchsystems. Aus negativen Erfahrungen mit Datensuchsystemen anderer Archive wird die Bedeutsamkeit einer guten Verschlagwortung, der Pflege der Einträge und flexibler Suchmöglichkeiten betont, um Daten überhaupt finden zu können. So wird als Ergänzung zur klassischen Recherchemöglichkeit via Schlagworte bzw. vorgegebene Kategorien eine freie Wort-Suche im Text gewünscht:

Also eine Text-Wort-Suche müsste man installieren, damit man da wirklich auch Fundquellen hat. (...) Sodass mir also auch mal Dinge geliefert werden, wo ich nicht gleich das passende Schlagwort habe. Und das geht durch 'ne Textsuche sehr, sehr gut. (Int. 30)

Auch ist bereits auf dieser Ebene, der Suche nach Daten in einem Datenpool, eine angemessene Datensatzbeschreibung von Bedeutung. Erfahrungen der Befragten zeigen, dass – gekoppelt mit einer schlechten Suchmaske – ungenügend aufbereitete Datensatzbeschreibungen bei potenziellen Nutzern dazu führen können, dass die Datenbankrecherche eher als „große Zugangbarriere" (Int. 23) denn als Zugangshilfe empfunden wird.

Unter den in der schriftlichen Befragung darüber hinaus genannten Leistungserwartungen kommt der *Dokumentation des Forschungsprozesses* eine besondere Relevanz zu. Die Bedeutsamkeit der Nachvollziehbarkeit des Entstehungs- bzw. Forschungskontextes wurde bereits im Zusammenhang der Voraussetzungen für die Sekundärnutzung von qualitativen Interviews deutlich (Kap. 4.2.4.1) und wird nun an dieser Stelle als Anforderung an Kernfunktionen eines Archivs erneut bestätigt. Aus Sicht eines potenziellen Datengebers sind damit Hilfestellungen bei der Dokumentation gemeint, aus Datennutzersicht die Gewährleistung der Bereitstellung einer umfassenden Forschungsdokumentation. Diesbezügliche Hilfestellungen seitens einer professionellen Serviceinfrastruktur wären auch deshalb sinnvoll, da – wie die Ergebnisse der mündlichen Befragung bereits gezeigt haben – geeignete Kontextualisierungen und Dokumentationen in der Regel über bislang übliche Projektbeschreibungen hinausgehen sollten.

Der *Wunsch nach Vermittlung von Kontakt- und Rücksprachemöglichkeiten mit Primärforschern* kann ebenso im Kontext der besseren Nachvollziehbarkeit des Forschungsprozesses gesehen werden. Vor dem Hintergrund der Überlegung, dass eine solche Rücksprache mit den Primärforschern – insbes. aus dem Blickwinkel der Datengeber/innen – kaum leistbar sei, wird von Befragten in der mündlichen Befragung alternativ erwartet, im Archivpersonal selbst entsprechend kompetente Ansprechpartner/innen zu finden, d.h. die sich mit den jeweiligen archivierten Datensätzen gut auskennen und für Fragen zu den Daten bereitstünden (Int. 20/Int. 11). Im Rahmen *umfassenderer Service- und Beratungsleistungen* findet diese Funktion der kompetenten Beratung und Betreuung der Nutzer ihren Eingang in die Leistungserwartungen an ein Archiv.

Ferner beziehen sich die nachrangig genannten Erwartungen der Forscher/innen an ein Archiv auf die Bandbreite von notwendigen *Datenaufbereitungsschritten* von Interviewdaten, welche bereits in dem vorausgegangenen

Kapitel diskutiert wurden (d.h. Transkription, Digitalisierung, Datenschutz und Anonymisierung, Sicherung). In diesem Zusammenhang ist auch die *Vorgabe und Gewährleistung von Qualitäts- und methodischen Standards* zu sehen, die auf die Sicherung der Qualität der archivierten Daten abzielt.

Es stellt sich weiterhin die Frage, ob eine zukünftige Serviceinfrastruktur für die Archivierung und Sekundärnutzung qualitativer Forschungsdaten entweder zentral organisiert sein sollte oder einer dezentralen *Organisationsweise* im Sinne einer Vermittlungsstelle zwischen Daten gebenden Forschern und Datennutzern entsprechen sollte. Vor dem Hintergrund der genannten Leistungserwartungen wird insgesamt eher eine Serviceinfrastruktur vorstellbar, die einer zentralen Organisationsweise entspricht. Die Ergebnisse der mündlichen Befragung zeigen, dass zwar das Interesse der Befragten an einer Beibehaltung der Kontrolle über die Weiterverwendung der eigenen Daten aus ihrer Sicht zunächst eher für die Konzeption einer Serviceinfrastruktur in Form einer Vermittlungsstelle spricht. Allerdings räumen dieselben Forscher/innen ein, dass eine zentrale Organisationsform die Möglichkeit und Mittel besitzt, Standards bezogen auf die Qualität und Sicherung der Daten sowie einen kontrollierten Zugang zu ihnen zu entwickeln und in der Archivpraxis dauerhaft zu gewährleisten. Die vielfach in Instituten gesammelten Daten aus Forschungsprojekten entsprechen aus ihrer Sicht nicht den Qualitätsstandards, die sie selbst als notwendig für eine Sekundärnutzung betrachten. Mit der fehlenden Vollständigkeit der Transkription, Digitalisierung, Anonymisierung und Datendokumentation, Platzmangel und den nicht vorhandenen Mitteln für eine Aufbereitung und Katalogisierung der Daten begründen sie als potenzielle Datengeber/innen die Notwendigkeit eines zentralen Archivs, das aufgrund gebündelter Ressourcen in der Lage ist, die von ihnen geforderten Qualitätsstandards für ihre Daten zu garantieren. Als potenzielle Datennutzer/innen sichert ihnen darüber hinaus die Zentralisierung sowohl des Datennachweissystems als auch der archivierten Daten selbst einen komfortablen, umfassenden und systematischen Datenzugang.

5   Konsequenzen aus den empirischen Befunden der Machbarkeitsstudie

Die Befunde der Machbarkeitsstudie belegen den Bedarf einer Versorgung mit Forschungsprimärdaten in Deutschland. Die Erwartungen zielen auf umfangreiche Service- und Beratungsleistungen zur Sicherung der Qualität und Nutzbarkeit der archivierten Daten, also ein professionelles Wissensmanagement. Die Notwendigkeit des Aufbaus eines Zentrums für qualitative Daten zur Förderung einer Data-Sharing-Kultur wird inzwischen auch in der human- und sozialwissenschaftlichen Scientific Community eigenständig formuliert (vgl. die Stellungnahmen von Fachgesellschaften: DGS 2009, NGfP 2009; sowie z.b. Lempert 2007 und Reichertz 2007).

Im Folgenden werden die grundlegenden Aspekte sowie die Kernaufgaben eines solchen *Servicezentrums für qualitative Daten (QualiService)* vorgestellt.

5.1   Grundlegende Aspekte für eine wissenschaftlich fundierte Serviceeinrichtung

Die Kernfunktionen des zentralen multidisziplinären QualiService mit den Aufgaben Datenakquisition, Datenaufbereitung und -dokumentation sowie Datenservice bieten eine verlässliche, nachhaltige und von beinahe 80% der befragten Projektleiter/innen als sinnvoll erachteten Grundversorgung mit digitalisierten Transkripten qualitativer Interviews für die empirische Sozialforschung. Die vorläufige Beschränkung des Archivs auf *qualitative Interviewdaten* begründet sich zum einen im großen Verbreitungsgrad dieser Methode. Dieser lässt sich mit einer Potenzialanalyse im Rahmen der Machbarkeitsstudie belegen: In der Bestandsaufnahme qualitativ ausgerichteter sozialwissenschaftlicher Forschungsprojekte in Deutschland im Zeitraum von 1984 bis 2003 mit Hilfe der

Forschungsdatenbank SOFIS der GESIS[94] konnten über 1.750 mit qualitativen Interviews arbeitende Projekte identifiziert werden. Zum anderen bestätigen die seit der Gründung 1994 bestehenden Erfahrungen des ESDS Qualidata in Großbritannien die besondere Eignung von Interviews für Sekundäranalysen:

> In-depth interview materials are the best source of data for secondary analysis, providing the interviews have been skilfully conducted by an experienced interviewer and cover a wide range of topics. (Corti/Backhouse 2005: 22)

Um die Nützlichkeit und die breite Verwendung akquirierter Daten für Sekundäranalysen zu sichern, ist die Verankerung in der Scientific Community von besonderer Bedeutung. Daher soll eine *thematisch zentrierte Akquisition* von Daten solche Studien umfassen, deren wissenschaftliche und gesellschaftliche Relevanz von einem Beratergremium – bestehend aus dem wissenschaftlichen Beirat und weiteren thematisch einschlägigen Experten und Expertinnen für die jeweils relevanten Disziplinen und Fachgebiete – evaluiert wurde. Darüber hinaus befördern *methodische Kriterien* die Nachfrage und sichern die Brauchbarkeit der Daten für ihre Wiederverwendung. Im Zuge des Aufbaus der Kernfunktionen des Archivs ist die Rettung wichtiger Daten und deren Aufbereitung durch das Archiv notwendig.

Der nutzerorientierte Datenservice beinhaltet ein *zentrales Online-Datennachweissystem*. In Zusammenarbeit mit dem Datenarchiv der GESIS könnte darüber hinaus wechselseitig der Zugang zu quantitativen und qualitativen Daten durch ein entsprechendes Verweissystem für solche Primärstudien geebnet werden, die quantitative und qualitative Methoden kombinieren. In diesem Zusammenhang wird deutlich, dass sich die Datenserviceeinrichtung pragmatisch an den in vielen Forschungsprojekten existierenden quantitativen als auch qualitativen Daten orientiert, die beispielsweise im Sonderforschungsbereich 186 „Statuspassagen und Risikolagen im Lebensverlauf" (1988-2001) (vgl. z. B. Kluge/Kelle 2001) entstanden und entsprechend im Archiv für Lebenslaufforschung archiviert sind.

Der Aufbau von QualiService basiert dabei auf folgenden *Ressourcen bzw. Kooperationen:*

- Das bereits existierende *Archiv für Lebenslaufforschung* (ALLF) (Opitz/ Witzel 2005) an der Bremen International Graduate School of Social Sciences (BIGSSS), Universität Bremen.
- Servicefunktionen von ALLF als Teil der BIGSSS: Datenausleihe, methodische Beratung der international zusammengesetzten Gruppe von Fellows, Schulungen zur Nutzung eines Textanalyseprogramms, Methodenlehre in der BIGSSS: *„Integrated Research Methods"* und *„Advanced Research Methods"* (A. Witzel), jährliche Tutorials im *Graduate Spring Seminar in Methodology* (GSSSM) (A. Witzel).
- Servicefunktionen von ALLF: Für Nutzer/innen von Archivdaten in unterschiedlichen wissenschaftlichen Zusammenhängen, in der Lehre und für Qualifikationsarbeiten konnten schon bei einem eher kleinen Datenbestand häufig Daten vermittelt und methodische Beratung durchgeführt werden. ALLF selbst erprobte die Nutzung von archivierten Daten für die universitäre Ausbildung in Form eines Lehrpakets für die qualitative Methodenlehre im Fach Psychologie[95].
- Umfangreiche eigene Forschungserfahrungen mit der qualitativen Sekundäranalyse, die bis in die 80er Jahre zurückreichen[96]. Weitere Veröffentlichungen markieren den Beginn der systematischen Diskussion über die Forschungsstrategie der Sekundäranalyse in Deutschland: die Schwerpunktausgaben der Open-Access-Zeitschrift *Forum Qualitative Sozialforschung* (Corti/Kluge/Mruck/Opitz 2000 und Corti/Witzel/Bishop 2005) und der Zeitschrift *Historische Sozialforschung* (Witzel/Medjedović/Kretzer 2008) sowie viele weitere Veröffentlichungen (u. a. Medjedović 2007; Medjedović 2010a, b; Witzel/Mauer 2010) und Tagungsbeiträge.
- Ausgehend von der gemeinsamen Machbarkeitsstudie enge Kooperationsbeziehungen zum *GESIS-Datenarchiv für Sozialwissenschaften* in Köln, das sein in 50 Jahren erarbeitetes methodisches, organisatorisches und technisches Wissen und gewonnenen Archiverfahrungen zur Verfügung stellt.

---

95 Pilotseminar zur qualitativen Methodenausbildung im Fach Psychologie (Andreas Witzel, Sommersemester 2004 an der Universität Bremen, Fachbereich 11) im Rahmen des mobile-Campus-Projekts (http://www.mobile-campus-fb11.uni-bremen.de/), evaluiert von Stiefel (2007).

96 Die sechs Datensätze umfassende komparative Studie zur Rolle des Arbeitsamtes im Übergang von der Schule in die duale Ausbildung (vgl. Kap.2 bzw. Heinz/Wachtveitl/Witzel 1986, 1987), Untersuchungen zur Arbeitskraftunternehmer-These von H. J. Voß und G. G. Pongratz (Kühn/Witzel 2004), zur beruflichen Weiterbildung (Klement/Schaeper/Witzel 2004), zum Lernen im Arbeitsprozess (Heinz/Kühn/Witzel 2004; Medjedović/Witzel 2005, 2007; Fischer/Witzel 2008).

- Langjährige enge Kooperation mit dem *Institut für Qualitative Forschung,* das der Internationalen Akademie an der Freien Universität Berlin als eigenständige Arbeitseinheit angehört: Workshops zur Forschungsstrategie der Sekundäranalyse (A. Witzel, I. Medjedović) im Rahmen des *Berliner Methodentreffens Qualitative Forschung;* sowie das Verfügbarmachen von bereits erschienenen Veröffentlichungen, Forschungsberichten und weiterer Dokumente zu den archivierten Studien über den Open-Access-Dokumentenserver *Social Science Open Access Repository* (SSOAR)[97].
- Kooperationsbeziehungen zu qualitativen Archiven in Deutschland durch die Gründung der *Initiativgruppe qualitativer Archive - Langzeitarchivierung und Erschließung qualitativer Dokumente und Daten,* die sich der Lösung gemeinsamer Probleme widmet, insbesondere des Datenschutzes, der Langzeitsicherung und des Zugangs zu den Daten[98].
- Enge Kooperationsbeziehungen zu *ESDS Qualidata,* das bereit ist, seine organisatorischen und technischen Erfahrungen mit den Archiv- und Datenvermittlungsfunktionen speziell im Bereich qualitativer Daten für Quali-Service nutzbar zu machen.
- Kooperationsbeziehungen zu qualitativen Archiven europaweit durch das gemeinschaftlich mit dem *UK Data Archive* und dem britischen *Timescapes Archive* initiierten, CESSDA-geförderten *Netzwerk für qualitative Archive und Datenservicezentren in Europa.*

5.2   Kernaufgaben des Servicezentrums für qualitative Daten (QualiService)

Die Funktionen Archivierung und Datenservice sind durch folgende Teilaspekte gekennzeichnet:

---

97   Ein Modellportal für entsprechende Veröffentlichungen des Sfb 186 wurde bereits aufgebaut: http://www.ssoar.info/index.php?id=146 [Zugriff: 28.01.2010]

98   Mitglieder neben dem ALLF: Interviewarchiv „Jugend im 20. Jahrhundert", POSOPA e.V., Neu Zittau bei Berlin; Institut für Geschichte und Biographie der Fernuniversität Hagen, Lüdenscheid; Siegener Zentrum für Kindheits-, Jugend- und Biographieforschung (SiZe) Archiv Kindheit Jugend, Universität Siegen.

Abbildung 5: Kernaufgaben im Bereich Archivierung und Datenservice

5.2.1 Thematisch und methodisch zentrierte Akquisition

Von zentraler Bedeutung ist eine thematisch und methodisch zentrierte Akquisition. Bei der Entwicklung von Kriterien für die Akquisition von Studien[99] stützt sich QualiService auch auf bereits bestehende Erfahrungen in Großbritannien. Corti und Backhouse (2005) kommen beim Vergleich der Kriterien für den Erhalt und die Wiederverwendung von qualitativen Daten zwischen dem *Qualitative Data Archival Resource Centre* (ESDS Qualidata) und dem *Medical Research Council* (Großbritannien) sowie dem *Murray Research Center* (USA) zum Ergebnis, dass diese Institutionen übereinstimmend folgende Gesichtspunkte betonen: Längsschnittstudien mit der Möglichkeit von follow-up-Erhebungen, qualitativ anspruchsvolle, breit gefächerte und wichtige Daten sowie in der Primärstudie unausgeschöpfte Auswertungsmöglichkeiten. Sie

---

99 Der Begriff der Akquisitionseinheit „Studie" umfasst dabei sowohl die Daten selbst, also die (i. d. R. digitalisierten) Interviewtranskripte, als auch evtl. vorhandene Dokumentationen und sonstige Materialien (wie z.B. Methodenberichte, Feldnotizen, Kontextinformationen, veröffentlichte Forschungsberichte). Eine Studie erhält bei der Archivierung eine eindeutige Nummer, so dass alle zugehörigen Daten, Dokumente und Materialien später eindeutig identifizierbar und zuordenbar sind.
Das Inter-University Consortium for Political and Social Research (ICPSR) in Ann Arbor Michigan (USA) definiert den Begriff der Studie bspw. wie folgt: „All the information collected at a single time or for a single purpose or by a single principal investigator. A study consists of one or more files." (http://webapp.icpsr.umich.edu/cocoon/ICPSR-FAQ/0034.xml)

ergänzen diese Aufzählung um die Einschätzung der besonderen Bedeutung von in-depth-Interviews für Sekundäranalysen.

Dieser Einschätzung entsprechend wendet QualiService zunächst folgende *methodische Kriterien* für die Akquisition von Daten an:

a) Konzentration auf *un- oder halbstrukturierte Interviews*, möglichst mit narrativen Anteilen. Dieses Kriterium rekurriert auf das inhaltliche Analysepotenzial der Daten, welches wesentlich mit der Offenheit des angewandten Interviewverfahrens zusammenhängt (vgl. Kap. 3.1.3).

b) Bevorzugung *größerer Stichproben*. Dennoch bleibt zu überprüfen, ob nicht auch in Einzelfällen kleine Stichproben von wissenschaftlicher Bedeutung sein können (z.b. n=1 bei Personen der Zeitgeschichte).

c) Konzentration auf *digitale Daten*. Die vom ALLF ursprünglich intendierte Schwerpunktsetzung auf die Akquisition digitaler Daten lässt sich allerdings bei einer thematisch zentrierten Vorgehensweise (s. u.), der Notwendigkeit, wichtige ältere Datensätze vor Verlust oder Vernichtung zu retten und angesichts der Lage, dass – wie die eigenen Forschungsergebnisse zeigen (vgl. Kap. 4.2.6) – lediglich knapp die Hälfte der potentiell archivierbaren Daten in digitaler Form vorliegen, nicht prinzipiell aufrechterhalten.

d) Besonderes Augenmerk ist auf *Längsschnittdaten* zu legen, die eine besondere Nützlichkeit für die Wiederverwendung aufweisen (Corti/Wright 2002). Die Erfahrungen in Großbritannien mit dem wissenschaftlichen Langzeitpotential von Längsschnittdaten und die besondere sekundäranalytische Eignung von Interviews hat sich bereits durch die häufigen Nachfragen an den Datenbestand des ALLF bestätigt, der überwiegend aus Interviews von Längsschnittstudien zur Lebenslaufforschung besteht. Der Datenbestand des ALLF wird daher um weitere qualitative Interviewdaten aus Längsschnittstudien ergänzt.

Parallel zu den methodischen Kriterien gelten folgende *thematische Kriterien* für die Akquisition von Daten:

a) *Lebenslaufthematik*. Bei dieser thematischen Ergänzung des Archivbestandes des ALLF sind einerseits Längsschnittstudien mit interdisziplinärer Ausrichtung zu bevorzugen. Andererseits führt die Akquisition von (sich) ergänzenden Querschnittdaten zu einem thematischen Facettenreichtum. Archivierte Daten aus unterschiedlichen Studien mit Variationen nach Alter, Regionen, strukturellen Hintergründen und Erhebungszeitpunkten können etwa – wenn sie sich sinnvoll ergänzen – für Sekundäranalysen für neue vergleichende Fragestellungen bereitgestellt werden.[100]

b) Akquisition von *Studien mit allgemeiner gesellschaftlicher und/oder überprüfter thematischer Relevanz* für die Scientific Community. Die Akquisition von Daten soll schrittweise in wissenschaftlich und gesellschaftlich bedeutsamen thematischen Feldern stattfinden.

Potentiell akquirierbare Daten auf der Basis des in der Machbarkeitsstudie empirisch ermittelten Projektbestands decken beispielsweise folgende Themenfelder ab: Gender/Paarbeziehungen/ Familie, Beruf/Arbeit, Migration, (lebenslanges) Lernen, Alter, Jugend, Umwelt, Ost-West, Medien, Lebensführung. Eigeninitiativ zu nutzende Zugänge zu potentiellen Datengeberinnen und -gebern eröffnet die Datenbank *SOFIS – Sozialwissenschaftliches Forschungsinformationssystem* der GESIS. Ein Beratergremium bestehend aus Experten und Expertinnen der jeweils relevanten Disziplinen und speziellen Fachgebiete begleitet die Akquisition und evaluiert die Relevanz der Daten für eine weitere wissenschaftliche Nutzung. Ebenso wird mit Akquisitionsvorschlägen von Nutzerseite verfahren. Mit der Überprüfung der thematischen Relevanz für die Scientific Community vermeidet QualiService die Akquisition von wenig oder gar nicht genutzten Daten (Stichwort: „Datenfriedhöfe") durch eine Verankerung gerade auch dieser Arbeit in der Wissenschaftsgemeinschaft.

---

100 Die im ALLF bestehenden Kompetenzen für die Lebenslaufthematik wurden bereits für die Akquisition weiterer Studien mit interdisziplinärer und z. T. Längsschnitt-Ausrichtung genutzt. So konnten Interviewdaten von sechs wichtigen Längsschnittstudien aus den 80er Jahren gerettet werden: *Arbeiterbewusstsein in der Wirtschaftskrise* und *Arbeitslose und Gewerkschaft* und *Gewerkschaft im Wohnbereich* von R. Zoll et al., Universität Bremen, *Übergang von Jugendlichen in die Arbeitswelt unter krisenhaften Arbeitsmarktbedingungen* von Heinz et al., Universität Bremen sowie *Moral im Beruf* und die *Berliner Facharbeiter-Studie*, Lempert et al., Max Planck Institut für Bildungsforschung Berlin. Beispielsweise zeigt sich beim Themengebiet Arbeit – Ausbildung – Beruf schon anhand von zwei komplementären Buchtiteln, dass sich die Daten der Studie zum *„Arbeiterbewusstsein in der Wirtschaftskrise"* mit der Veröffentlichung *„Hauptsache, ich habe meine Arbeit"* (Zoll 1984) und die Daten der Studie zum Übergang von Jugendlichen in die Arbeitswelt unter krisenhaften Arbeitsmarktbedingungen mit der Veröffentlichung *„Hauptsache eine Lehrstelle"* (Heinz/Krüger/Rettke/Wachtveitl/Witzel 1987) für Vergleichsanalysen eignen.

5.2.2 Aufbereitung der akquirierten Daten

In der empirisch-qualitativen Sozialforschung werden mit unterschiedlichen Methoden und Vorgehensweisen Textinformationen, Audio- und visuelles Material erzeugt. Diese wiederum liegen in verschiedenen Formaten vor. Texte werden auf Papier festgehalten oder aber in digitale Textformate überführt (z.B. RTF, Nur-Text, MS Word). Audio- und Videoaufnahmen können sowohl in analogen als auch digitalen Audio- bzw. Videoformaten gespeichert sein. Da in der Machbarkeitsstudie der Zugang zu den Originaldaten in Form von Tonbandaufnahmen vergleichsweise selten gefordert wurde, verzichtet QualiService vorläufig auf deren Archivierung[101]. Im Wesentlichen wird sich QualiService also mit Textdaten beschäftigen, die überwiegend in digitalisierter Form vorliegen sollten. Dabei handelt es sich hauptsächlich um Transkripte qualitativer Interviews.

Die Aufbereitung des Materials umfasst alle Maßnahmen, die darauf gerichtet sind, Sekundärnutzerinnen und -nutzern das Auffinden und die wissenschaftliche Nutzung des archivierten Datenmaterials zu ermöglichen sowie alle Aktivitäten, die für eine Archivierung und das weitere Datenmanagement notwendig sind. Dazu gehören neben der Überprüfung auf Vollständigkeit, inhaltliche und methodische Beschaffenheit des Materials (Informationsgehalt der Interviews, Güte der Interviewführung und der Transkription) (Kap. 3.1 sowie 4.2.4; vgl. auch Hinds et al. 1997) technischen Arbeiten (z. B. Überführung in geeignete Formate, Digitalisierung von Materialien usw.) sowie die Generierung sogenannter Metadaten. Letzteres besteht hauptsächlich in der Anfertigung von projektbezogenen (strukturierten) Datendokumentationen, die nach den Erwartungen unserer Befragten aus einer umfassenden Dokumentation des Datenmaterials sowie des gesamten Forschungsprozesses bestehen sollten. Darüber hinaus ist vielfach Unterstützung bei der (Nach-) Anonymisierung der Daten notwendig. Zu den Anonymisierungsstrategien existiert bereits ein Konzept des ALLF, das einerseits Informationen, die zur Reidentifizierung von befragten Personen

---

101 Eine Korrektur der Entscheidung gegen die Akquisition von solchen Dateien wie im Übrigen auch multimedialer Daten hängt von zukünftigen Entwicklungen der Anwendung von Auswertungstechniken für Audiodateien in Forschungsprojekten ab. Bereits jetzt lassen sich Kodierungen (Hauptmann 2005) und Anonymisierungen (Pätzold 2005) an Audiodateien vornehmen. Darüber hinaus werden nur über die Aufbewahrung der Audiodateien nachträgliche Neu-Transkriptionen für weitere, interdisziplinäre Auswertungsinteressen (z. B. stärker linguistische) (Corti/Thompson 2004) möglich. (vgl. auch Kap. 5.3.3)

führen können, eliminiert, sie anderseits aber auch mit sozialwissenschaftlich relevanten Informationen anreichert (Kluge/Opitz 1999, sowie im Anhang).

Die Generierung von *Metadaten* ist die Voraussetzung für eine effektive, effiziente und adäquate Nutzung von Daten. Man unterscheidet dabei im Wesentlichen drei Arten von Metadaten:

- Metadaten, die Nutzern und Nutzerinnen die *Identifikation* bzw. das Auffinden von Studien ermöglichen und ihnen eine erste Entscheidung über die Nützlichkeit für das jeweilige Forschungsvorhaben erlauben.[102] Diese Art von Informationen wird typischerweise in Form von Studienbeschreibungen[103] in Datennachweissystemen bereitgestellt. Sie enthalten Informationen insbesondere über Titel, Primärforscher, fördernde Institution/Mittelgeber, Keywordsliste, Themen, Abstract, Grundgesamtheit, geografischer Raum, Datenart, Methode, Zeitdimension, Samplingverfahren, Publikationen. Dazu gehören auch Informationen über Zugangsbedingungen und darüber, welche Schritte Nutzer/innen unternehmen müssen, um die Daten verwenden zu können.
- Metadaten, die dem Nutzer die *Verwendung* des Materials ermöglichen (Dokumentation im engeren Sinne). Dies umfasst neben der Beschreibung der Daten selbst, Informationen über deren Entstehungskontext (vgl. hierzu Kap. 3.1.2 und 4.2.4) und Informationen darüber, welche Bearbeitungsschritte im Hinblick auf Überprüfung und Aufbereitung stattgefunden haben, sprich: umfassende Dokumentation des Forschungsprozesses; Schlüsselmerkmale der Daten bzw. der Untersuchungspersonen (Alter, Geschlecht, Beruf o. ä.), die es Nutzern ermöglichen einzelne Interviews bzw. Transkripte zu identifizieren; sowie Informationen über Transkriptionsverfahren, verwendete Anonymisierungsstrategien, Aufbereitungsschritte, technische Erläuterungen usw.
- Metadaten, die dem Archiv das *Management* der Ressourcen ermöglichen. Diese werden vom Archiv im Prozess der Aufbereitung und Archivierung

---

102 Siehe hierzu auch den Vorschlag von Mochmann (2002b: 26) für die Einführung einer Internationalen Datensatznummer (IDSN), die eine eindeutige Identifikation von Daten erheblich erleichtern würde.

103 Das ZA hat gemeinsam mit dem dänischen und dem niederländischen Archiv in den 60iger Jahren ein Studienbeschreibungsschema entwickelt, welches inzwischen mehr oder weniger bei allen sozialwissenschaftlichen Archiven, die weltweit über IFDO (International Federation of Data Organizations for the Social Sciences) verbunden sind, in Verwendung ist (Bauske 2000).

von Materialien angefertigt und dokumentieren diesen. Dazu gehören bspw. Informationen darüber, welche Materialien akquiriert wurden, unter welchen Dateinamen und wo diese abgespeichert wurden, Informationen darüber wann, von wem und welche Aufbereitungsschritte durchgeführt wurden, usw.

Das bestimmende Merkmal von Metadaten ist die Strukturiertheit der Informationen. Für deren Generierung hat sich dabei in den letzten Jahren insbesondere im Bereich der quantitativen Daten der internationale XML-Standard der *Data Documentation Initiative* (DDI) etabliert, an dessen Erarbeitung und Weiterentwicklung auch die GESIS beteiligt ist. Dieser definiert für Produzenten und Anbieter sozialwissenschaftlicher Daten Elemente zur Dokumentation und stellt somit sicher, dass relevante Merkmale zur Beschreibung sozialwissenschaftlicher Daten in standardisierter Form dokumentiert werden. Der DDI-Standard wird derzeit in der Form einer XML Document Type Definition (DTD) formuliert. Das XML-Format eignet sich sowohl als Austausch- und Sicherungsformat als auch als Präsentations- bzw. Publikationsformat im Datennachweissystem. Es wird durch eine breite Palette existierender Software unterstützt und kann plattformübergreifend eingesetzt werden. Viele der Beschreibungselemente von DDI (Title, Depositor, Keyword, Topic Classification, Abstract etc.) sind direkt auf qualitative Daten anwendbar, andere sind entsprechend zu interpretieren oder zu modifizieren (Kuula 2000).

Die für die Verwendung der Daten notwendige Herstellung einer Dokumentation hat die in Kapitel 3.1.2 ausgeführten verschiedenen Kontextebenen zu berücksichtigen. In den Forschungsprojekten entstandene Veröffentlichungen ergänzen die in Studienbeschreibungen und Dokumentationen zusammengetragenen Kontextinformationen. Für den freien Zugang zu diesen können Open-Access-Dokumentenserver wie das vom Institut für qualitative Forschung, FU Berlin und der GESIS betriebene *Social Science Open Access Repository* (SSOAR) genutzt werden[104].

Neben dem Hauptaugenmerk der Datenaufbereitung auf neuere Studien gilt es Forschungsdaten bedeutsamer älter Studien zu bewahren, die sich etwa für einen Zeitvergleich eignen. Für die Aufbereitung der in diesen Fällen normaler-

---

104 QualiService wird in Kooperation mit dem *Institut für qualitative Forschung* darauf hinwirken, dass die Veröffentlichungen sowohl der Primär- als auch der Sekundärstudien in Absprache mit den Verlagen im SSOAR zugänglich gemacht werden. Dies entspricht den Open-Access-Forderungen der DFG für Forschungsresultate, die mit öffentlichen Mitteln gefördert wurden.

weise in Papierform vorliegenden Transkripte werden weitere Arbeitsschritte notwendig: Kopieren, Scannen, Umwandlung der gescannten Dokumente in eine weiterverarbeitbare Textinformation mittels OCR-Software (= Optical Character Recoginition), manuelle Editierarbeiten (Fehlerkorrekturen), (ergänzende) Anonymisierung von Transkripten, Speicherung bzw. Konvertierung in geeignete Speicher- und Weitergabeformate.

Die Aufbereitung der Daten für eine Sekundäranalyse sollte auf der Grundlage eigener Forschungserfahrungen (Medjedović/Witzel 2005) auch die Kodierungen und Kategorienschemata des EDV-gestützten Auswertungsverfahrens der Primärstudie umfassen. Wenn etwa Kategorienschemata die heuristische Funktion eines überdimensionalen „Karteikastens" mit breiten und nicht a priori theorielastigen Kategorien besitzen, muss deren Nutzung für die Sekundäranalyse nicht im Widerspruch zu einer eher – gemäß der Tradition der Grounded Theory (vgl. z. B. Strauss/Corbin 1996) – offenen Kodierung im Prozess der Entwicklung von in-vivo-Kategorien stehen. Um die Sekundärnutzung dieser Kodierungen auch mit alternativen Textanalyseprogrammen durchführen zu können, wären jedoch zunächst andere Voraussetzungen zu schaffen: Schnittstellen zu allen üblichen QDA- bzw. CAQDAS-Programmen herzustellen oder – den Planungen von ESDS Qualidata entsprechend (Corti 2003) – die Entwicklung eines software-unabhängigen Datenformats zu befördern[105]. Dabei spielt die Extensible Markup Language (XML) (vgl. Muhr 2000) eine zentrale Rolle.

Die in der Machbarkeitsstudie deutlich gewordene Situation einer z. T. mangelhaften Transkription, Anonymisierung, Dokumentation und Digitalisierung der Daten durch die Primärprojekte (s. Kap. 4.2.6) lässt auf einen erheblichen, von QualiService gerade in seiner ersten Ausbauphase zu leistenden Aufwand für eine Aufbereitung von eingeworbenen Datensätzen schließen. Um für die Zukunft den Aufwand zu minimieren und vor allem eine zur Datenerhebung zeitnahe angemessene Aufbereitung und Kontextualisierung der Daten zu gewährleisten, erarbeitet QualiService Standards für Datenaufbereitung und -management der Primärstudien samt Metadaten, Transkriptions- und Anonymisierungsregeln, die als Guidelines veröffentlicht werden sollen.

Die Anwendung dieser Instrumente trägt zu einem professionellen Forschungsdatenmanagement in den Forschungsprojekten bei und hat einen doppelten Nutzen: Zum einen ermöglicht und erleichtert ein solches Management den

---

105 Unter Federführung des UK Data Archive widmet sich das Projekt *Data Exchange Tools and Conversion Utilities* (DExT) seit Dezember 2006 und derzeit noch laufend dieser Aufgabe. Erste Ergebnisse und Fortschritte können auf folgender Website verfolgt werden: http://www.data-archive.ac.uk/dext/ [Zugriff: 04.02.2010].

Rückgriff auf Originaldaten im rekursiven Primärforschungsprozess, die Kooperation von Forschenden sowie insbesondere bei Längsschnittdesigns die Kontinuität der Forschungsarbeit. Zum anderen werden damit zugleich die für die spätere Datenübergabe an ein Archiv und die Nachnutzung der Daten notwendigen technischen und organisatorischen Voraussetzungen geschaffen[106].

5.2.3   Datensicherung und Datenmanagement

Die Sicherungsstrategie umfasst eine Reihe aufeinander abgestimmter Maßnahmen, die den kontinuierlichen Zugang zu allen digitalen Ressourcen langfristig gewährleisten.

Die physisch gesicherte Datenaufbewahrung erfordert Sicherheitssysteme, die darauf ausgelegt sind, Risiken von Datenkorruption und -verlust zu minimieren. Für digitale Daten ist daher eine Ausstattung mit entsprechender Hard- und Software sowie redundanten (auch räumlich getrennten) Backup-Systemen notwendig.

Besondere Beachtung gilt der Langfristsicherung der digitalen Materialien, die insbesondere der Minimierung der mit dem technologischen Wandel verbundenen Risiken bspw. durch Wegfall der hardware- oder softwareseitigen Unterstützung von Speichermedien und/oder Datenformaten dient[107]. Dazu gehören u. a. folgende Maßnahmen: Auswahl geeigneter Akquisitions-, Archivierungs- und Vertriebsformate; Überführung älterer Textdateien in ein langfristiges, softwareunabhängiges Format; Entwicklung einer Migrationsstrategie.[108]

Eine weitere wichtige Frage ist, wie die archivierten Studien und Daten abgelegt werden sollen. Daher gehört zum Datenmanagement der Aufbau einer Ver-

---

106 „Best practice has to be communicated to implement metadata capture at the point of data collection already and to cover the whole life cycle from research design via data collection to publication and reuse." (Mochmann 2009: 15)

107 In diesem Zusammenhang verfolgt *QualiService* die Aktivitäten des *nestor-Kompetenznetzwerks Langzeitarchivierung und Langzeitverfügbarkeit digitaler Ressourcen für Deutschland* (vgl. etwa das Memorandum oder das nestor-Handbuch unter http://www.langzeitarchivierung.de, Zugriff: 02.02.2010)

108 ESDS Qualidata setzt in diesem Zusammenhang auf die Entwicklung einer umfassenden XML-basierten Anwendung für qualitative Forschungsdaten, die über die Langfristsicherung hinaus Vorteile verspreche für: eine verbesserte Suche nach Keywords, die Nutzbarkeit von kodierten Daten über unterschiedliche Textanalyseprogramme hinweg (Import/Export-Funktion), erleichterte automatisierte Anonymisierung, innovatives web-basiertes Publizieren. Vgl.: http://www.esds.ac.uk/qualidata/online/about/xmlapplication.asp; http://www.esds.ac.uk/support/guides/xml.pdf [Zugriff: 04.02.2010].

zeichnisstruktur unter Verwendung standardisierter Dateinamen und -erweiterungen. Es bietet sich an, eine Datenbank zur Erfassung aller Akquisitions-, Archivierungs-, Aufbereitungsarbeiten sowie Archivnutzungen zu erstellen und zu pflegen. In dieser Datenbank sollen alle Datensätze mit ihrem jeweiligen Status der Bearbeitung verfolgbar sein. Sie soll auch regelmäßig abrufbare Statistiken des Servicezentrums ermöglichen (z.b. Umfang der archivierten Datensätze, Nutzungen des QualiService, Anfragen, Kosten).

5.2.4   Datennachweissystem

Die Hauptaufgabe von QualiService ist es, Datenmaterial für Sekundärnutzungen zur Verfügung zu stellen. Die Information potentieller Nutzer/innen über die vorhandenen Daten des QualiService erfordert den Aufbau eines Online-Datennachweissystems. Dieses sollte einfach zu bedienen sein und den Nutzer/innen anhand verschiedener Browsing- und Suchoptionen einen schnellen Überblick über relevante Studien ermöglichen und ihm Informationen über Inhalt, Primärforscher/in, verwendete Methoden, vorhandene Materialen, Zustand der Daten, Nutzungsbedingungen usw. liefern. Dazu müssen von Quali-Service die unter 5.2.2 angesprochenen Metadaten in Form von Studienbeschreibungen generiert werden und in einem dafür geeigneten System online angeboten werden. Als Format für die Studienbeschreibungen bietet sich das XML-Format nach dem bereits erwähnten DDI-Standard an. Dabei könnten in Zusammenarbeit mit dem GESIS-Datenarchiv auch wechselseitige Nachweise für Methodenkombinationen anwendende Primärstudien eingeführt werden. Das bedeutet Informationen über Studien zu erfassen, die sowohl qualitative als auch quantitative Methoden angewandt haben. Damit sollen entsprechende Informationen über einerseits die quantitativen Daten, die sich im Datenarchiv der GE-SIS befinden und andererseits die qualitativen Daten, die in der Datenbank des QualiService gespeichert sind, für potentielle Nutzer/innen zugänglich gemacht werden.

Die Befragten der Machbarkeitsstudie fordern nachdrücklich ein transparentes System der Information (möglichst per Internet) über vorhandenes und potentiell nutzbares Datenmaterial:

Die wichtigste Aufgabenstellung eines Archivs sehen die Forscher in der Systematisierung und Katalogisierung der Forschungsdaten. Des Weiteren wünschen sie sich einen unkomplizierten Zugang zu den Daten, vorzugsweise über das Internet. Dies unterstützt die Vermutung, dass der Aufbau einer informativen Datenbank und die Schaffung einer benutzerfreundlichen

Suchmaske – vorzugsweise Online – sehr viel mehr Forscher dazu bewegen könnte, im Vorfeld eigener Erhebungen erst einmal zu schauen, ob es nicht vielleicht doch bereits Datenmaterial zu ihren Fragestellungen gibt. Dies wäre auch aus forschungsethischer (und ökonomischer, d. Verf.) Sicht sehr zu begrüßen. (Opitz/Mauer 2005: 46).

5.2.5   *Datenbereitstellung*

Die Weitergabe von Daten für wissenschaftliche Zwecke in Forschung und Lehre erfolgt auf der Basis der mit den Verantwortlichen der Primärstudie abgestimmten Kriterien, die sich auf Art und Umfang der Sekundärnutzung, die Kontaktmöglichkeiten zu den Primärforschern bzw. -forscherinnen und die Veröffentlichung von Ergebnissen der Sekundäranalyse beziehen. Wie wichtig diese Abstimmung ist, zeigt ein Befund der mündlichen Befragung: Mit einer Datenbereitstellung werden verschiedene Befürchtungen des „Missbrauchs" der eigenen Daten durch Dritte verbunden, die ein Bedürfnis nach Beibehaltung der Kontrolle über die Weiterverwendung der eigenen Daten begründen (Kap. 4.2.5). Vor dem Hintergrund dieser Befürchtungen wird eine Datenakquisition eher unter der Bedingung von Zugangsbeschränkungen vorstellbar, in denen datengebende Forscher/innen die Entscheidungshoheit über Nutzungszweck und Nutzer/innen behalten.

Die Kriterien für die Weitergabe der Daten werden auf der Basis der Erfahrungen des GESIS-Datenarchivs (auch bezüglich der Einhaltung des Datenschutzes)[109] und ESDS Qualidata sowie der Ergebnisse der mündlichen Befragung der Machbarkeitsstudie entwickelt. Da QualiService vorwiegend digitalisierte Materialien archiviert, kann die Datenbereitstellung per ftp-Download realisiert werden. In einem weiteren Entwicklungsschritt könnte der Datenvertrieb auch mittels eines webbasierten Registrierungs- und Downloadsystems organisiert werden.

5.3   Erweiterte Funktionen des Servicezentrums für qualitative Daten

Die Ergebnisse der Machbarkeitsstudie über die gegenwärtige Situation in Deutschland und die über zehn Jahre bestehenden Erfahrungen von ESDS Qualidata legen über die beschriebenen Kernaufgaben hinaus den Aufbau einer

---

109   http://www.gesis.org/Datenservice/Bestellen/Benutzungsordnung.htm

breitflächigen Versorgungseinrichtung für qualitative Daten nahe (siehe Abbildung 6).

Servicezentrum für qualitative Daten (QualiService)	
Archiv für qualitative Interviewdaten	**Vermittler für qualitative Daten in anderen Archiven**

Kernaufgaben
- Akquisition
- Datenaufbereitung
- Datennachweissystem
- Datensicherung und -management
- Datenbereitstellung
 	
Erweiterte Aufgaben
 	
Forschung & Entwicklung   **Schulung und Beratung**
- Methoden der Re- und   - Datenschutz
  Sekundäranalyse   - Re- und Sekundäranalyse
- Exemplarische Sekundär-   - Qualitative Methoden
  analysen   - (Virtuelle) Lehr- und
- Nutzung von QDA-   Lernmodule
  Programmen
- Standards für Metadaten
- Verbesserung der
  Methodenlehre
	Verweissystem zu Datensätzen anderer deutschsprachiger Spezialarchive mit qualitativem Datenmaterial für die Forschung und Lehre

Abbildung 6: Servicezentrum für qualitative Daten („QualiService")

Die Notwendigkeit der Erweiterung der Kernfunktionen des Archivs ergibt sich zunächst aus der Verbreiterung der Datenbasis um weitere qualitative Daten (z.B. Gruppendiskussionen, Videographien, Dokumente) und der Verbesserung der Zugänglichkeit der Daten weiterer deutschsprachige Archive durch eine zentrale Vermittlungsfunktion zwischen Daten suchenden Forschern und diesen Archiven.

Des Weiteren werden die Aufgaben Schulung, Beratung, Forschung und Entwicklung anvisiert, um eine breitere Kultur der Sekundäranalyse in Deutschland zu fördern. Die Befunde der Machbarkeitsstudie verweisen auf die Notwendigkeit von Schulung und Beratung aufgrund einer verbreiteten Unvertrautheit mit der sekundäranalytischen Forschungsstrategie und einer bislang eher seltenen Wiederverwendung insbesondere von fremd erhobenen Daten. Die vorgefundene Skepsis gründet allerdings auch auf vielen ungelösten methodischen Fragen, deren Lösung eine eigene Forschungs- und Entwicklungsarbeit erfordert.

Für den Aufbau dieser Aufgabenbereiche sind folgende Kooperationen maßgebend:

- Eine enge Zusammenarbeit mit der *Gesellschaft Sozialwissenschaftlicher Infrastruktureinrichtungen* (GESIS): Mit dem *Center for Survey Design and Methodology (CSDM)* (ehemaliges GESIS-ZUMA) bzgl. der Überschneidungen mit allgemeinen Methoden der qualitativen Sozialforschung bei der Auswertung von Textdaten, insbesondere auch mit digitalen Textanalyseprogrammen; mit dem *Datenarchiv für Sozialwissenschaften* bzgl. langjähriger Archiverfahrungen
- Eine enge Zusammenarbeit mit *ESDS Qualidata*, das in Großbritannien bereits Fortschritte in diesen Aufgabenbereichen vorzuweisen hat
- Kooperation mit dem *Institut für qualitative Forschung* in der Internationalen Akademie an der Freien Universität Berlin als einem zentralen Anbieter von Online-Ressourcen für die qualitative Sozialforschung in den Bereichen Information, Multiplikation und Publishing und als Ausrichter des „Berliner Methodentreffens Qualitative Forschung", der größten Jahresveranstaltung zu qualitativen Forschungsmethoden im deutschsprachigen Raum
- Zusammenarbeit mit qualitativen Archiven in Deutschland in der *Initiativgruppe qualitativer Archive - Langzeitarchivierung und Erschließung qualitativer Dokumente und Daten*

Weitere Kooperationen werden angestrebt, z.B. mit dem an der Universität Tübingen angesiedelten *Zentrum für Qualitative Psychologie* und dem von Wissenschaftlern und Wissenschaftlerinnen der Otto-von-Guericke-Universität Magdeburg betriebenen *Zentrum für Sozialweltforschung und Methodenentwicklung (ZSM)*.

5.3.1   *Vermittlungsfunktion für qualitative Daten*

QualiService fungiert durch ein zentrales Nachweissystem qualitativer Daten als Vermittler zwischen Daten suchenden Forscherinnen bzw. Forschern und bestehenden deutschsprachigen Spezialarchiven (vgl. Kap. 3.3), die qualitative Interviewdaten, aber auch andere qualitative für eine Re- und Sekundärnutzung geeignete Materialien (z.b. Daten aus Beständen der Kultur- und Textwissenschaften, Gruppendiskussionen). Zum anderen soll ein zentrales Datennachweissystem für Informationen zu quantitativen und qualitativen Daten bei in Primärstudien angewandten Methodenkombinationen für potentielle Archivnutzer/innen zur Verfügung stehen. Diese multidisziplinäre und multimethodische Funktion von QualiService entspricht derjenigen eines „brokers", wie sie auch von *ESDS Qualidata* in Großbritannien wahrgenommen wird.

Die Kooperation mit weiteren Archiven bzw. Initiativen für einen Archivaufbau mit deutschsprachigem Material dient der Verbesserung der Zugänglichkeit zu bislang verstreuten Beständen qualitativer Daten[110]. Neben Deutschland können dabei die Länder Österreich und Schweiz einbezogen werden, sodass QualiService zur Vermittlung von deutschsprachigen qualitativen Daten beiträgt.

Für die Nachweise der Bestände der einzelnen Archive ist ein einheitlicher Metadaten-Standard (z.b. für die Informationen in den Studienbeschreibungen) notwendig, wie er beispielsweise im *Integrated Data Catalogue* der CESSDA-Archive realisiert wurde. Zur Dokumentation bzw. Katalogisierung der Datenmaterialien, insbesondere auch zur Gewährleistung einer überregionalen Datennutzung bietet sich der bereits erwähnte Dokumentationsstandard an, der unter Beteiligung der GESIS im Rahmen der *Data Documentation Initiative* (DDI) geschaffen wurde. Dieser Standard ist neben der *Text Encoding Initiative* (TEI) ein Teilelement der Anwendung von XML auch in den Projektzielen von ESDS Qualidata[111].

In Zusammenarbeit mit dem GESIS-Datenarchiv soll wechselseitig der Zugang zu quantitativen und qualitativen Daten durch ein entsprechendes Verweissystem für solche Primärstudien geebnet werden, die quantitative und qualitative Methoden kombinieren.

5.3.2 Beratung, Schulung und Öffentlichkeitsarbeit

Eine weitere wichtige Funktion des QualiService besteht in der Beratung von Nutzern und Nutzerinnen (Personen, Forschungsprojekten, Institutionen) in

---

110 Damit werden die Empfehlungen der DFG-Arbeitsgruppe Informationsmanagement der Archive (2003: 14, 17) zur Verbesserung der Kontakte von Archiven untereinander und zur Scientific Community realisiert.

111 http://www.esds.ac.uk/qualidata/online/about/xmlapplication.asp [Zugriff: 02.02.2010]

Fragen der Aufbereitung und des Datenmanagements, des Datenschutzes, der Auswahl von Datensätzen und der Sekundäranalyse von qualitativem Datenmaterial.

Um der Randständigkeit sekundäranalytischer Studien (Corti/Witzel/Bishop 2005) und den entsprechend mangelhaften Erfahrungen mit der Durchführung von Sekundäranalysen zu begegnen, die in dem Primat der Eigenerhebung deutlich werden, gilt es auf der einen Seite durch *Öffentlichkeitsarbeit* (Tagungen, Kontakte zu wissenschaftlichen Fachgesellschaften, Veröffentlichungen, Pflege des Informationsaustauschs von Nutzer/innen) die Scientific Community für die Potenziale der Datenwiederverwendung zu sensibilisieren. Darüber hinaus gewährleistet ein enger Bezug zur empirischen Human-, Sozial- und Kulturwissenschaft die Voraussetzungen für die Realisierung des innovativen Konzepts der aktiven Akquisitionspolitik.

Auf der anderen Seite verbinden Befragte die begrifflichen Unsicherheiten bei Fragen zum Thema Sekundäranalyse mit Forderungen nach der Vermittlung ihrer methodologischen Grundlagen. Um zukünftigen Datennutzerinnen und Datennutzern ein konkret forschungspraktisches Know-how zu vermitteln, sind daher regelmäßige *Workshops* notwendig: zu den methodologischen und methodischen Fragestellungen der Sekundäranalyse[112], zur Nutzung der Angebote des QualiService[113], zu den rechtlichen Rahmenbedingungen bezüglich der Datenabgabe und -nutzung (z. B. Anonymisierungsstrategien bei der Veröffentlichung von Interviews), zur Datenaufbereitung und -sicherung im Zusammenhang der Effektivierung der Primärforschung und zur gleichzeitigen Vorbereitung der Daten für ihre Sekundärnutzung. Diese Serviceleistung soll – dem erfolgreichen Modell von ESDS Qualidata gemäß – um die externe Vertretung dieser Methode durch „Key Players", d.h. entsprechend qualifizierte Wissenschaftler/innen ergänzt werden, die über Lehrveranstaltungen, Schulungen und eigene sekundäranalytisch orientierte Forschungsarbeiten als Multiplikatoren fungieren.

Die in der Machbarkeitsstudie befragten Forscher/innen fordern Beratungs- und Serviceleistungen ein, z.B. im Bereich der Projektplanung und -durchführung, aber auch in Form von Workshops zur Datenauswahl oder

---

112 Workshops zur „Sekundäranalyse qualitativer Daten" (Witzel/Medjedović) wurden bereits beim jährlichen *Berliner Methodentreffen Qualitative Forschung*, das vom *Institut für qualitative Forschung* ausgerichtet wird, angeboten.

113 Wie z.B. die von ESDS Qualidata durchgeführten „Data Confrontation Workshops", in denen die Teilnehmer/innen in einen Datensatz eingeführt werden, um mit ihm anschließend eigene Analysen vorzunehmen.

-analyse. Eine wesentliche Unterstützung des aufwändigen Auswertungsprozesses von qualitativen Interviews auch in Form von Sekundärdaten stellen die neueren computergestützten Analysemöglichkeiten dar (vgl. z. B. Kuckartz 2005). ALLF hat ein eigenes nutzerfreundliches Open-Source-Textanalyseprogramm „QbiQ" (Kluge/Opitz 2000)[114] entwickelt, das die wichtigsten Funktionen für die Bearbeitung von Interviewtexten besitzt und auf der Homepage des ALLF[115] zusammen mit einem Nutzerhandbuch unentgeltlich zur Verfügung steht.

Gerade digitale Archivdaten lassen sich in Kombination mit Textanalyseprogrammen in der *Methodenlehre* anwenden (vgl. z.B. Gläser/Laudel 2000). QualiService trägt mit regionalen und überregionalen Kooperationen zur Verbesserung der universitären Lehre dazu bei, das Qualitätsniveau der qualitativen Methodenausbildung in Deutschland insgesamt zu erhöhen. Dazu gehören auch Schulungen zu möglichen Verknüpfungen von Online- und Offline-Elementen zur Verbesserung von Lehr- und Schulungsangeboten. In einer praktischen und weitgehend autonomen Methodenanwendung unter Nutzung von Archivdaten und ggf. auch Textanalyseprogrammen soll dabei ein selbstgesteuertes kooperatives und entdeckendes Lernen stattfinden, das durch eine pädagogische Betreuung in Form einer „autonomieunterstützenden Lernprozessbegleitung" (Käppeli 2001: 205) online und in Präsenzveranstaltungen gefördert wird.

Im Zusammenhang der Beratung und Schulung bezüglich der Nutzung von Sekundärdaten in der Lehre bestehen bereits Ressourcen des ALLF: Im Rahmen des Projektes *mobileCampus* führte Andreas Witzel ein Pilotseminar zur qualitativen Methodenausbildung im Fach Psychologie (Sommersemester 2004 an der Universität Bremen, Fachbereich 11) durch, das Britta Stiefel (ALLF) evaluierte (Stiefel 2004, 2007). Die Grundideen dieses Modellseminars lassen sich für weitere Anwendungen in der akademischen Lehre nutzen. In der mündlichen Befragung der Machbarkeitsstudie wurde eine entsprechende Nachfrage festgestellt, gerade für solche Hochschulbereiche, in denen wenig eigenes Forschungsmaterial existiert. Diese Forderung verweist zugleich auf die Neigung von Wissenschaftlern, in ihrer Lehre hauptsächlich eigenes Datenmaterial verwenden zu wollen. Für die Vermittlung einzelner Methoden durch Spezialisten ist dies nachvollziehbar; für die Lehre eines erweiterten, d.h. nicht nur durch

---

114 Das Programm wurde auf XML-Basis erstellt und enthält die wichtigsten Funktionen für die Bearbeitung von Interviewtexten. Es ist auf der weltweit größten open source software development web site (lt. Selbstbeschreibung) SourceForge.net verzeichnet: http://sourceforge.net/projects/qbiq/ [Zugriff: 02.02.2010].

115 http://www.lebenlaufarchiv.uni-bremen.de [Zugriff: 02.02.2010].

einzelne Schulen geprägten, sondern allgemein akzeptierten Methodenkanons wird weiteres, im Wesentlichen fremd erhobenes Datenmaterial eingesetzt werden müssen, wodurch die Nachfrage nach solchen Daten wächst und die Notwendigkeit ihrer Bereitstellung durch ein Archiv bestärkt wird.

Weiterhin sollten die in der mündlichen Befragung im Rahmen der Machbarkeitsstudie geforderten Möglichkeiten *web-basierter Kommunikation* realisiert werden, etwa durch eine Online-Plattform zum Informationssaustausch für die an Sekundäranalysen arbeitenden Wissenschaftler/innen über Mailing-Listen sowie Unterstützung durch Online-Zeitschriften und Newsletter.

Für eine solche Plattform bestehen optimale Ressourcen beim Online-Portal *qualitative-forschung.de* und damit die Basis für die Erweiterung der bereits bestehenden Kooperation zwischen ALLF und dem Institut für Qualitative Forschung.

5.3.3   *Forschungs- und Entwicklungsarbeit*

Corti (2007) weist daraufhin, dass in Großbritannien und den USA eine eigene serviceorientierte Forschung („in-house research") als effektives Mittel sowohl für Verbesserungen der Akquisitionsarbeit als auch der wissenschaftlichen Nutzungsmöglichkeiten durchgesetzt ist. Auch für ein deutsches Datenservicezentrum ergeben sich vielfältige wissenschaftliche Themen.

Die Befragten der Machbarkeitsstudie beispielsweise halten die Ausarbeitung von methodischen Standards und Gütekriterien für die Scientific Community im Rahmen der Qualitätssicherung im Feld qualitativer Archivierung/qualitativen Datenservices durch ein professionelles Archiv für sinnvoll.

Ferner sind Online-Zugänge für Datennutzer und Datennutzerinnen zu entwickeln.

Um die angestrebte „Sekundäranalysekultur" im Bereich der qualitativen Forschung zu fördern, ist die systematische Erforschung von Problemen und Chancen dieser Forschungsstrategie erforderlich. Beispiele dafür sind die Untersuchung der sekundäranalytischen Potenziale unterschiedlicher Interviewmethoden, Möglichkeiten der Berücksichtigung der Kontextbedingungen bei der Entstehung der Daten und beispielhafte Sekundäranalysen in Eigenregie (z. B. Medjedović/Witzel 2005) oder andere Sekundärprojekte durch QualiService methodisch zu begleiten.

Zu erforschen wäre weiterhin die auf der Basis neuer Entwicklungen im Bereich der *Computer Aided Qualitative Data Analysis Software* (CAQDAS) sich ergebenden Möglichkeiten, die Auswertung qualitativer Interviews gar nicht mehr oder nur in Teilen anhand von arbeits- und kostenintensiven Transkripten vorzunehmen. Mit der Analysesoftware Atlas.ti beispielsweise lässt sich aus digitalisiertem Audiomaterial ein Inhaltsverzeichnis, d. h. Codesystem (C-TOC) (Hauptmann 2005) erstellen, dessen Elemente sich ohne den Zwischenschritt über Transkriptionen als Basis für alle Analysevorhaben, insbesondere der Retrievalfunktionen verwenden lassen. Um die Anonymisierung von Audiodateien für die Weitergabe an Dritte zu gewährleisten, können neue technische Verfahren (Pätzold 2005) erprobt werden, mit denen sich Audioquellen so weitgehend verfremden lassen, dass ein Wiedererkennen verhindert oder erschwert wird.

Wichtig ist die Lösung der Schnittstellenproblematik zwischen unterschiedlicher Software, um Sekundärnutzer/innen die Verwendung der ursprünglichen Kodierungen unabhängig von ihrer Programmwahl zu ermöglichen.

Des Weiteren ergibt sich eine hochschuldidaktische Orientierung der Forschungsarbeit aus den Anforderungen der Methodenlehre und der in diesem Zusammenhang bestehenden Möglichkeiten für die Nutzung digitaler Archivdaten (siehe 5.3.2).

6 Ausblick

Suchen Wissenschaftler/innen in Europa oder den USA qualitative Daten für eine Sekundärnutzung, findet sie Datenarchive wie das *US Murray Research Archive*, das *Finnish Social Science Data Archive* (FSD) oder den *UK Economic and Social Data Service* (ESDS)[116] vor, die sowohl qualitative als auch quantitative Daten bieten. Bei den Bemühungen um einen schrittweisen Aufbau eines Servicezentrums für qualitative Daten kooperiert das *Archiv für Lebenslaufforschung* (ALLF) daher mit *ESDS Qualidata* in Großbritannien und mit dem *Datenarchiv für Sozialwissenschaften der GESIS* in Deutschland, das über 50 Jahre Erfahrungen mit der Archivierung und Weitergabe von überwiegend quantitativen Daten aufzuweisen hat. Die methodisch undogmatische Initiative zum Aufbau des *Servicezentrum für qualitative Daten* (QualiService) verkörpert damit auch das Bestreben, einen Beitrag dafür zu leisten, das insbesondere in der Spaltung der Methodensektion der Deutschen Gesellschaft für Soziologie (DGS) in eine qualitative und quantitative Sektion symbolhaft für die Sozial- und Geisteswissenschaften zum Ausdruck gekommene Methodenschisma zu überwinden.

Mit QualiService wird der Aufbau einer zentralen, bundesweiten Anlaufstelle für die Archivierung und Weitergabe von qualitativen Daten angestrebt. Mit den Funktionen *Datenakquisition, Datenaufbereitung,* und *-dokumentation, Langzeitsicherung* der Daten, Bereitstellung eines zentralen *Online-Datennachweissystems* sowie Organisation eines nutzerorientierten *Datenservices* stehen zunächst die Kernaufgaben eines Archivs im Vordergrund der Aufbauarbeit. Den Schwerpunkt der Datenakquisition und -erschließung bilden digitalisierte Transkripte von Interviews sowie der zugehörigen Dokumentationen aus unterschiedlichen wissenschaftlichen Disziplinen und Themengebieten.

Die bislang vernachlässigte und auch von den Befragten der Machbarkeitsstudie erwünschte Grundversorgung der qualitativen Sozialforschung mit qualitativen Daten erfordert weitere Funktionen über die Kernaufgaben eines Archivs im engeren Sinne hinaus. Diese beinhalten zum einen aufgrund der empirisch

---

116 Alle drei Archive sind Mitglieder von IFDO (http://www.ifdo.org)

festgestellten, weitgehenden Unkenntnis und Unvertrautheit hinsichtlich der Forschungsstrategie der qualitativen Sekundäranalyse die Aufgaben *Beratung*, *Schulung* und *Öffentlichkeitsarbeit*, aber auch aufgrund vieler ungelöster methodischen Fragen die Durchführung einer eigenen *Forschung* und *Entwicklung*; zum anderen ein *Vermitteln* zwischen Daten suchenden Forschern und bestehenden deutschsprachigen Spezialarchiven für weitere, z. T. spezifische qualitative Daten, um knappe Ressourcen zu bündeln sowie und die Sichtbarkeit dieser Archive und deren Daten zu erhöhen.

Der Datenservice wird in einer Zusammenarbeit mit der *Gesellschaft Sozialwissenschaftlicher Infrastruktureinrichtungen* (GESIS) und dem ESDS Qualidata aufgebaut und richtet sich nicht nur an potentielle Nutzer in der Forschung an den Universitäten und Hochschulen, sondern auch im Bereich von Qualifikationsarbeiten und in der Lehre.

Die vorläufige Konzentration von QualiService auf Interviewdaten begründet sich darin, dass unter den qualitativen Erhebungsmethoden das Interview am weitesten verbreitet und den Erfahrungen der vorbildhaften englischen Serviceorganisation für qualitative Daten *ESDS Qualidata* des UK Data Archive an der Universität von Essex am besten für Sekundäranalysen geeignet ist und am häufigsten genutzt wird. Die Brauchbarkeit und Vielfalt der Daten wird durch eine themenzentrierte Akquisition gesichert. Sie beruht nicht nur auf den verschiedenen Möglichkeiten der Beobachtung und Kontaktierung der Forschungsszene sondern auch auf den Vorschlägen von Experten und Expertinnen zur Akquisition wissenschaftlich bedeutsamer Studien in verschiedenen thematischen Feldern, deren Datenqualität und Eignung für Sekundäranalysen von QualiService anhand methodischer Standards überprüft wird.

Kurzfristig notwendige Aufgaben des QualiService zielen auf folgende Aspekte:

Öffentlichkeitsarbeit
Um die Realisierung des Aufbaus des geplanten Archivs wissenschaftspolitisch durchzusetzen und den Aufklärungsbedarf über die Chancen der Wiederverwendung von qualitativen Daten in der Scientific Community zu bedienen, ist eine verstärkte Öffentlichkeitsarbeit in Form von Vorträgen, Veröffentlichungen, Tagungen und Online-Foren vorgesehen. Durch Aufklärungsarbeit soll die Richtliniengestaltung von Mittelgebern angeregt werden, um dafür zu sorgen, dass Forschungsprojekte Fragen der Anonymisierung, Datensicherung und -dokumentation von Beginn an in die Forschungsarbeit integrieren. Dies dient nicht nur der Transparenz der Forschung und der Langzeitsicherung von Daten,

sondern auch der Effektivierung der Primärforschung selbst, in der eine solche Datenaufbereitung den iterativen Analyseprozess, die Wiederverwendung selbst erhobener Daten für neue thematische Schwerpunkte und die Einarbeitung neuer Mitarbeiter erleichtert oder ermöglicht.

Modellstudie zur Information von Wissenschaftlern/Wissenschaftlerinnen über methodische und technische Möglichkeiten von Sekundäranalysen
Neben Vorträgen, Veröffentlichungen und Kontakten zu den wissenschaftlichen Fachgesellschaften steht eine sekundäranalytische Modellstudie zur Thematik Gender/Paarbeziehungen/Familie in der Planung, die thematisch exemplarisch der Scientific Community den wissenschaftlichen Nutzen sowie die methodologischen Besonderheiten und Probleme bei der Durchführung von Sekundäranalysen vermitteln soll.

Rettungsaktion bedeutsamer qualitativer Daten
Im Zusammenhang der Notwendigkeit, potentiellen Nutzer(inne)n geeignete Daten zur Verfügung zu stellen, gilt es, qualitative Daten von Studien mit allgemeiner gesellschaftlicher und wissenschaftlich überprüfter thematischer und methodischer Relevanz für die Scientific Community vor drohendem Verlust zu bewahren, denn wie in den Interviews mit den Projektleitern deutlich geworden ist, können Institute und Einzelpersonen die von der DFG empfohlene Aufbewahrung und Sicherung der Daten nicht in professioneller Weise gewährleisten.

Ein erster Schritt der Rettungsaktion richtet sich auf Daten von „Leuchtturmprojekten", wie ihn ESDS Qualidata anlässlich seiner Gründung 1994 in Großbritannien durchgeführt hat. Die ausgewählten Studien sollen akquiriert, aufbereitet und dokumentiert werden. Die Akquisition könnte schrittweise Schwerpunktthemen aufgreifen wie Gender/Partnerschaft/Familie, Beruf/Arbeit, Migration, (lebenslanges) Lernen, Alter, Jugend, Umwelt, Ost-West-Problematik, Medien, Lebensführung und auch die bisherige Konzentration auf Lebenslaufstudien fortsetzen. Weitere systematische Datenzugänge eröffnen sich über die SOFIS-Datenbank der GESIS und Aufrufe durch wissenschaftliche Fachgesellschaften sowie einschlägige Listen im Internet (z. B. qualitative-forschung.de).

Aufbau infrastruktureller Grundlagen des QualiService
Um von Beginn an Fehlentwicklungen und damit Mehraufwand und -kosten zu vermeiden, ist das Einwerben von Mitteln für den Ausbau der Infrastruktur geplant, der sich an zukunftsfähigen Technologien und EDV-Systemen orientiert. Daher wird die Beauftragung von Spezialisten für das Gestalten eines

internetfähigen Datennachweissystems und einer Datenbank zur Gewährleistung der digitalen Langfristsicherung der Materialien angestrebt. Auf der Basis der technischen Gegebenheiten und Serviceerfordernisse des QualiService wird im Abgleich mit Erfahrungen des GESIS-Datenarchivs und ESDS Qualidata die Aufgaben- und Personalstruktur beschrieben und begründet. Dieser Infrastrukturausbau ist eine wichtige Voraussetzung bereits dafür, ein erstes modellhaftes Erproben der Akquisition und Aufbereitung von Daten im Rahmen der Modellstudie und des Datenrettungsvorhabens durchzuführen.

Anhang

Kurzdarstellung des Anonymisierungskonzeptes des Archivs für Lebenslaufforschung

Bei den bisherigen zu archivierenden qualitativen Daten handelte es sich vorrangig um biographische Interviews mit jungen Erwachsenen zu Fragen ihrer Lebensplanung, zu Übergängen vom Schul- ins Berufsleben sowie Interviews mit „Experten" und zu einem geringen Teil auch um Fallbeschreibungen und Gesprächsprotokolle. Das Datenmaterial lag zu 90% bereits in digitaler Form vor, die restlichen Daten wurden von den Transkripten eingescannt. Die Interviews wurden z. T. in den Projekten während der Transkription bereits insoweit anonymisiert, dass Personenangaben und Ortsangaben verfälscht wurden.

Ausgehend von der Vermutung, dass sich bei der Anonymisierung der biographischen Interviews Probleme ergeben könnten, wenn der Lebenslauf der Befragten markante Lebensereignisse aufweist und/oder ihr Wohnort bekannt ist, wurde ein Konzept entwickelt, welches über die Anonymisierung der zentralen personenbezogenen Angaben hinausgeht:

Es sollten nicht nur die Namens- und Ortsangaben zu den befragten Personen verändert werden, sondern auch jegliche personenbezogenen Angaben von Dritten bzw. über Dritte, die zu einer Reidentifizierung der befragten Person führen könnten. Dazu gehörte auch das Verändern der Namen von Institutionen. Für besonders kritische Textpassagen oder sogar Einzelfälle sollte sich vorbehalten werden, diese eventuell komplett zu löschen. Um jedoch zu verhindern, dass durch die tief greifenden Veränderungen des Textes zu viele Informationen für die Analyse verloren gehen und das Material somit unbrauchbar für weitere Forschungszwecke wäre, wurde ein Anonymisierungsschlüssel entwickelt, der die veränderten Angaben mit Hilfe zusätzlicher aber allgemeiner Informationen umschreiben soll.

Dieser Schlüssel beinhaltet Anonymisierungen zu folgenden Angaben:

- Namen - P

- Orte - O

- Bundesländer - BL

- Strassen - STR

- Firmen - F

- Schulen – SCH

- Bezeichnungen (wie Kirchengemeinden, Jugendtreffs o.ä.) – BEZ

- Datumsangaben – MONATSNAME bzw. ZEITRAUM

Zusätzlich werden die Anonymisierungen durchnummeriert, wobei Wert darauf gelegt wurde, dass identische Orte, Bundesländer oder Firmen über alle zu anonymisierenden Interviews hinweg mit demselben Schlüssel anonymisiert werden; d. h. der Ort BREMEN bekommt generell den Schlüssel O1.

Des Weiteren wurde dem Schlüssel in einer eckigen Klammer eine Beschreibung zugefügt, die eine nähere, aber anonyme – und unseres Erachtens nach für die Analyse bedeutsame – Umschreibung des zu anonymisierenden Sachverhaltes gibt.

Zu anonymisierende Angabe	Schlüssel
Name der befragten Person	P 1 [Befragter]
Name des Partners der befragten Person	P 2 [Partner]
Name des Lehrers	P 3 [Lehrer]
Erwähnung des Wohnortes	O 1 [Wohnort]
Erwähnung des Ausbildungsortes	O 2 [Ausbildungsort]
Erwähnung eines bedeutsamen Stadtteiles des Wohnortes	O 11 [Stadtteil von O 1]
Name der Firma, z.B. Mercedes oder Autowerkstatt Meyer	F 1 [Automobilhersteller] oder F 2 [Kfz-Werkstatt]
Namen der besuchten Schulen	SCH 1 [Grundschule] SCH 2 [Schulzentrum Sek I] SCH 3 [Sonderschule]
Erwähnung einer bekannten Hilfsorganisation	BEZ 1 [Hilfsorganisation]
Name eines bestimmten Fußballstadions	BEZ 2 [Fußballstadion]
Bundesland Bremen	BL 4 [Bundesland]
Erwähnung einer bestimmten Region wie z.B. Teutoburger Wald	R 1 [Region]

Tabelle 15: Beispiele des Anonymisierungsschlüssels am Lebenslaufarchiv Bremen

Alle Anonymisierungsschritte wurden ausreichend dokumentiert und im Anschluss den ehemaligen Projektmitarbeitern/-mitarbeiterinnen zur Absprache vorgelegt.

In einem ersten Schritt wird das Interview erneut gelesen und bereits während-
dessen werden alle kritischen Textstellen kenntlich gemacht. Es wird eine
WORD-Datei angelegt mit einer zweispaltigen Tabelle, in der in der linken
Spalte die kritische Originaltextpassage eingefügt wird. In die rechte Spalte
kommt der Vorschlag zur Anonymisierung.

Originaltext	Anonymisierte Textpassagen
A: ... ja, denn wir sind gerade hier in **Bremen** dadurch ins Hintertreffen gera-ten, daß ja **Mercedes** hier ist.	A: ... ja, denn wir sind gerade hier in **O1** **[Erhebungsort]** dadurch ins Hintertreffen geraten, daß ja **F3 [großer Automobilher-steller]** hier ist.
A: Unsere Lehrlinge z.B., die müssen nach **St. Andreasberg.**	A: Unsere Lehrlinge z.B., die müssen nach **O2 [Ort der Fachschule].**
A: Das ist hier bei uns *in* **Bremen** der Herr **M.**, der für uns zuständig ist.	A: Das ist hier bei uns in **O1 [Erhebungsort]** der Herr **P7 [Ausbildungsberater der Handwerkskammer]**, der für uns zustän-dig ist.
A: Wenn ich sage: wir, meine ich jetzt die ganze Innung. Ich bin außerdem ja noch **Obermeister der Innung.**	A: Wenn ich sage: wir, meine ich jetzt die ganze Innung. Ich bin außerdem ja noch **C1 [Position in der Innung].**
A: Ich habe **am 14. Juni 1986** meine Prüfung gemacht.	A: Ich habe **im Juni 1986** meine Prüfung gemacht.

Tabelle 16: Gegenüberstellung von Originaltext und anonymisierten
Textpassagen

Gleichzeitig wird eine Excel-Tabelle angelegt, in der der Anonymisierungsschlüssel dokumentiert wird, die von allen an der Anonymisierung beteiligten
Personen benutzt wird. Dies verhindert einerseits Fehler in der Nummerierung,
und zum anderen erlaubt es den Primärforschern bei Bedarf eine Rückführung
zu den Originaldaten.

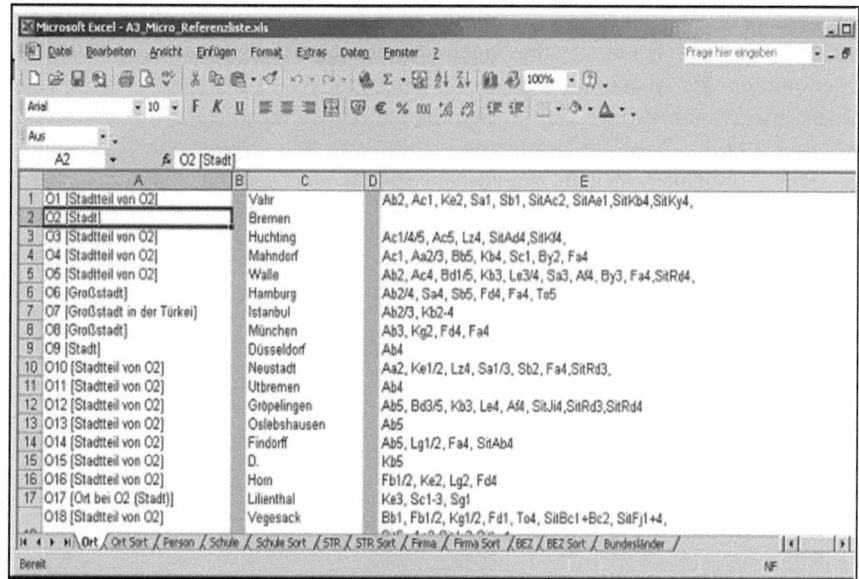

Abbildung 7: Beispiel einer Excel-Referenzliste mit Anonymisierungsschlüssel

Diese Kontrolle war/ist notwendig, da es sich bei den zu archivierenden Interviews des alten Sfb186 zum großen Teil um Längsschnittstudien (2-5 Wellen) mit einem ziemlich großen Beobachtungsfenster handelte und somit nicht immer sofort alle Interviews verfügbar waren.

Die Bearbeitungszeit für die einzelnen Interviews lässt sich sehr schwer abschätzen, da sie nicht nur abhängig ist von dem Umfang des Interviews, sondern auch von der Menge an zu anonymisierenden Informationen und dem Zustand des Interviews. Es wurde die Erfahrung gemacht, dass es sehr viel weniger zeitaufwendig ist, Interviews ohne jegliche Voranonymisierungen der Projektmitarbeiter zu bearbeiten. Denn zum Teil wurden in den Primärprojekten die Interviews über die Wellen hinweg nicht einheitlich anonymisiert oder die Dokumentation dieser Anonymisierungen lag nicht vollständig vor.

Das Ergebnis der vorgeschlagenen Anonymisierung durch das Archiv wurde den Primärforschern zur Kontrolle und Absprache vorgelegt und bei Bedarf

153

noch verändert. Erst nach Bestätigung durch den Forscher wurde die endgültige Ersetzung der kritischen Textpassagen durch den Anonymisierungsschlüssel vorgenommen. Im Abschluss wurden die anonymisierten Interviews in die Datenbank aufgenommen und die Originaldateien sowie die Zusatzinfos (WORD-Datei und EXCEL-Tabelle) wurden an einem separaten Ort gesichert und abgelegt. Die Tonbänder sowie eventuell vorhandene Original-Papierausdrucke wurden/werden vernichtet.

Literatur

ACLS (2006): Our Cultural Commonwealth. The report of the American Council of Learned Societies Commission on Cyberinfrastructure of the Humanities and Social Sciences. Verfügbar über: http://www.acls.org/uploadedFiles/Publications/Programs/Our_Cultural_Commonwealth.pdf (Zugriff: 08.02.2010).

Åkerström, Malin/Jacobsson, Katarina/Wästerfors, David (2004): Reanalysis of previously collected material. In: C. Seale/G. Gombo/J. F. Gubrium/D. Silverman (Hrsg.): Qualitative Research Practice. London: Sage. 344-357.

Albers, Ines (1997): Einwohnermelderegister-Stichproben in der Praxis. Ein Erfahrungsbericht. In: S. Gabler/J. H. P. Hoffmeyer-Zlotnik (Hrsg.): Stichproben in der Umfragepraxis. Opladen: Westdt. Verlag. 117-126.

Archiv für Lebenslaufforschung, ALLF (o.J.): Kurzdarstellung des Anonymisierungskonzepts des Archivs für Lebenslaufforschung.

Asensio, Juan Casado/Kritzinger, Sylvia/Müller, Karl H./Smioski, Andrea (2008): Feasibilitystudie zur Sicherung und Weitergabe von qualitativen Datenbeständen in Österreich. Endbericht. Wien: Wiener Institut für sozialwissenschaftliche Dokumentation und Methodik (WISDOM).

Bauske, Franz (2000): Das Studienbeschreibungsschema des Zentralarchivs. In: Zentralarchiv-Information 47. 73-80.

Bender, Stefan/Hilzendegen, Jürgen (1995): Die IAB-Beschäftigtenstichprobe als scientific use file. In: Mitteilungen aus der Arbeitsmarkt- und Berufsforschung 28 (1). 76-95.

Bergman, Manfred Max/Coxon, Anthony P.M. (2005): The Quality in Qualitative Methods. In: Forum Qualitative Sozialforschung /Forum: Qualitative Social Research 6 (2). Art. 34. Verfügbar über: http://nbn-resolving.de/urn:nbn:de:0114-fqs0502344 (Zugriff: 08.03.2005).

Bishop, Libby (2006): A proposal for archiving context for secondary analysis. In: Methodological Innovations Online 1(2). Verfügbar über: http://erdt.plymouth.ac.uk/mionline/public_html/viewarticle.php?id=26. (Zugriff: 16.01.2008).

Bizer, Johann (1992): Forschungsfreiheit und Informationelle Selbstbestimmung. Gesetzliche Forschungsregelungen zwischen grundgesetzlicher Förderungspflicht und grundrechtlichem Abwehrrecht. Baden-Baden: Nomos.

Bizer, Johann (1999): Der Datentreuhänder. In: Datenschutz und Datensicherheit 23 (7). 392-395.

Blakemore, Michael (2001): The potentials and perils of remote access. In: P. Doyle/J. I. Lane/J. J. M. Theeuwes/L. M. Zayatz (Hrsg.): Confidentiality, Disclosure, and Data Access: Theory and Pratical Applications for Statistical Agencies. Amsterdam/u.a.: North-Holland/Elsevier. 315-340.

Brosveet, Jarle/Henrichsen, Bjorn/Svasand, Lars (2009): Building Infrastructures for the Social Sciences: Stein Rokkan and the data archive movement. In: Stein Kuhnle (ed.): Stein Rokkan – Statesman of the Social Sciences. Bergen: Norwegian Social Science Data Services and International Social Science Council. 55ff.

Burstein, Leigh (1978): Secondary Analysis: An Important Resource for Educational Research and Evaluation. In: Educational Researcher 7 (5). 9-12.

BVerfG (1973): Hochschul-Urteil vom 29.05.1973.

BVerfG (1987): Zur Verfassungsmäßigkeit der Volkszählung 1987. (Leitsatz der Redaktion). In: NJW 44. 2805-2807.

BVerfG (1988): Zur Verfassungsmäßigkeit der Volkszählung 1987. (Leitsatz der Redaktion). In: NJW 15. 962-964.

Corti, Louise (2000): Progress and Problems of Preserving and Providing Access to Qualitative Data for Social Research - The International Picture of an Emerging Culture. In: Forum Qualitative Sozialforschung / Forum: Qualitative Social Research 1 (3). Art. 2. Verfügbar über: http://nbn-resolving.de/urn:nbn:de:0114-fqs000324 (Zugriff: 22.06.2006).

Corti, Louise (2003): Infrastructure services and needs for the provision of enhanced qualitative data resources. In: International Social Science Journal LV (3). 417-432.

Corti, Louise (2006): Making qualitative data more re-usable: issues of context and representation. In: Methodological Innovations Online. 1 (2). Verfügbar über: http://erdt.plymouth.ac.uk/mionline/public_html/viewissue.php?id=2 (Zugriff: 01.09.2009).

Corti, Louise (2007): Re-using archived qualitative data – where, how, why? In: Archival Science. 7 (1). 37-54. Verfügbar über: http://dx.doi.org/10.1007/s10502-006-9038-y. doi: 10.1007/s10502-006-9038-y (Zugriff: 05.02.2010).

Corti, Louise/Backhouse, Gill (2005): Acquiring Qualitative Data for Secondary Analysis. In: Forum Qualitative Sozialforschung / Forum: Qualitative Social Research. 6 (2). Art. 36. Verfügbar über: http://nbn-resolving.de/urn:nbn:de:0114-fqs0502361 (Zugriff: 08.03.2006).

Corti, Louise/Bishop, Libby (2005): Strategies in Teaching Secondary Analysis of Qualitative Data. In: Forum Qualitative Sozialforschung / Forum: Qualitative Social Research. 6 (1). Art. 47. Verfügbar über: http://nbn-resolving.de/urn:nbn:de:0114-fqs0501470 (Zugriff: 22.02.2006).

Corti, Louise/Day, Annette/Backhouse, Gill (2000): Confidentiality and Informed Consent: Issues for Consideration in the Preservation of and Provision of Access to Qualitative Data Archives. In: Forum Qualitative Sozialforschung / Forum: Qualitative Social Research. 1 (3). Art. 7. Verfügbar über: http://nbn-resolving.de/urn:nbn:de:0114-fqs000372 (Zugriff:06.03.2006).

Corti, Louise/Foster, Janet/Thompson, Paul (1995): Archiving qualitative research data. In: social research update 10.

Corti, Louise/Kluge, Susann/Mruck, Katja/Opitz, Diane (Hrsg.) (2000): Text. Archiv. Re-Analyse. In: Forum Qualitative Sozialforschung / Forum: Qualitative Social Research 1 (3). Verfügbar über: http://www.qualitative-research.net/fqs-texte/3-00/3-00hrsg1-d.htm (Zugriff: 21.02.2006).

Corti, Louise/Thompson, Paul (1998): Are you sitting on your qualitative data? Qualidata`s mission. In: International Journal of Social Research Methodology 1(1). 85-89.

Corti, Louise/Thompson, Paul (2004): Secondary analysis of archived data. In: C. Seale/G. Gombo/J. F. Gubrium/D. Silverman (Hrsg.): Qualitative Research Practice. London: Sage. 327-343.

Corti, Louise/Witzel, Andreas/Bishop, Libby (Hrsg.) (2005): Sekundäranalyse qualitativer Daten / Secondary Analysis of Qualitative Data. In: Forum Qualitative Sozialforschung/Forum: Qualitative Social Research 6 (1). Verfügbar über: http://www.qualitative-research.net/fqs/fqs-d/inhalt1-05-d.htm. (Zugriff: 03.08.2005).

Corti, Louise/Wright, Melanie (2002). Consultants' Report to the Medical Research Council on the MRC Population Data Archiving and Access Project: UK Data Archive, University of Essex, UK.

Dale, Angela/Arber, Sara/Procter, Michael (1988): Doing Secondary Analysis. London: Unwin Hyman.

Dargentas, Magda/Le Roux, Dominique (2005): Potentials and Limits of Secondary Analysis in a Specific Applied Context: The Case of EDF—Verbatim. In: Forum Qualitative Sozialforschung / Forum: Qualitative Social Research 6 (1). Art. 40. Verfügbar über: http://nbn-resolving.de/urn:nbn:de:0114-fqs0501404 (Zugriff: 22.02.2006).

Deutsche Forschungsgemeinschaft, DFG (1998): Vorschläge zur Sicherung guter wissenschaftlicher Praxis. Empfehlungen der Kommission „Selbstkontrolle in der Wissenschaft". Verfügbar über: http://www.dfg.de/aktuelles_presse/reden_stellungnahmen/download/empfehlung_wiss_praxis_0 198.pdf (Zugriff: 30.06.2008).

Deutsche Forschungsgemeinschaft, DFG (2009): Empfehlungen zur gesicherten Aufbewahrung und Bereitstellung digitaler Forschungsprimärdaten. Verfügbar über: http://www.dfg.de/forschungsfoerderung/wissenschaftliche_infrastruktur/lis/veroeffentlichungen/ dokumentationen/download/ua_inf_empfehlungen_200901.pdf (Zugriff: 08.02.2010).

Deutsche Gesellschaft für Psychologie, DGPs (2004): Revision der auf die Forschung bezogenen ethischen Richtlinien. Verfügbar über: http://www.dgps.de/dgps/aufgaben/ethikrl2004.pdf (Zugriff: 25.01.2010).

Deutsche Gesellschaft für Soziologie, DGS (2009): Stellungnahme der Sektion "Methoden der qualitativen Sozialforschung" zur Einrichtung eines Servicezentrums für qualitative Daten Verfügbar über: http://www.soziologie.de/uploads/media/Stellungn_ZentrumSekDat_2009-1.pdf (Zugriff: 28.01.2010).

DFG-Arbeitsgruppe Informationsmanagement der Archive (2003): Die deutschen Archive in der Informationsgesellschaft - Standortbestimmung und Perspektiven. Verfügbar über: http://www.dfg.de/download/pdf/foerderung/programme/lis/strategiepapier_archive_informations gesellschaft151103.pdf (Zugriff: 25.01.2010).

Doyle, Pat/Lane, Julia I./Theeuwes, Jules J. M./Zayatz, Laura M. (Hrsg.) (2001): Confidentiality, Disclosure and Data Access: Theory and Practical Applications for Statistical Agencies. Amsterdam: North-Holland/Elsevier.

Economic and Social Research Council, ESRC (2000): Data Policy. Verfügbar über: http://www.esrcsocietytoday.ac.uk/ESRCInfoCentre/Images/DataPolicy2000_tcm6-12051.pdf (Zugriff: 26.01.2010).

Elder, Glen H./Pavalko, Eliza K./Clipp, Elizabeth C. (Hrsg.) (1993): Working With Archival Data. Newbury Park/London/New Dehli: Sage..

Elder, Glen H. Jr. (1974): Children of the Great Depression. Social Change in Life Experience. Chicago: University of Chicago.

Elman, Colin/Kapiszewski, Diana/Vinuela Lorena (2010): Qualitative Data Archiving: Rewards and Challenges. In: PS: Political Science & Politics 43 (1). 23-27.

Faden, Ruth R./Beauchamp, Tom L./King, In collab. with Nancy M. P. (1986): A History and Theory of Informed Consent. New York: Oxford Univ. Press.

Fielding, Nigel (2000): The Shared Fate of Two Innovations in Qualitative Methodology: The Relationship of Qualitative Software and Secondary Analysis of Archived Qualitative Data. Forum Qualitative Sozialforschung / Forum: Qualitative Social Research. 1 (3). Verfügbar über: http://www.qualitative-research.net/fqs-texte/3-00/3-00fielding-e.htm. (Zugriff: 12.11.2009).

Fielding, Nigel (2004): Getting the most from archived qualitative data: epistemological, practical and professional obstacles. In: International Journal of Social Research Methodology 7 (1). 97-104.

Fielding, Nigel G./Fielding, Jane L. (2000): Resistance and Adaptation to Criminal Identity: Using Secondary Analysis to Evaluate Classic Studies of Crime and Deviance. In: Sociology 34 (4). 671-689.

Fielding, Nigel/Lee, Raymond M. (1998): Computer Analysis and Qualitative Research. London: Sage.

Fischer, Martin/Witzel, Andreas (2008): Zum Zusammenhang von berufsbiografischer Gestaltung und beruflichem Arbeitsprozesswissen. Eine Analyse auf Basis archivierter Daten einer Längsschnittanalyse. In: M. Fischer/G. Spöttl (Hrsg.): Forschungsperspektiven in Facharbeit und Berufsbildung. Strategien und Methoden der Berufsbildungsforschung. Frankfurt a.M.: Peter Lang. 24-47.

Flick, Uwe (1999): Qualitative Forschung. Theorie, Methoden, Anwendung in Psychologie und Sozialwissenschaften. Reinbek: Rowohlt.

Flick, Uwe/Kardorff, Ernst von/Steinke, Ines (Hrsg.) (2000): Qualitative Forschung. Ein Handbuch. Reinbek: Rowohlt.

Friedrichs, Jürgen (1973): Methoden empirischer Sozialforschung. Reinbek: ro-ro-ro-studium.

Friedrichs, Jürgen (1983): Methoden empirischer Sozialforschung. Opladen: Westdeutscher Verlag.

Garfinkel, Harold (1964): Studies of the Routine Grounds of Everyday Activities. In: Social Problems 11 (3). 225-250.

Garfinkel, Harold (1973): Das Alltagswissen über soziale und innerhalb sozialer Strukturen. In: A. B. Soziologen (Hrsg.): Alltagswissen, Interaktion und gesellschaftliche Wirklichkeit. Reinbek bei Hamburg: Rowohlt. 189-262.

Gerhardt, Uta (1986): Verstehende Strukturanalyse: Die Konstruktion von Idealtypen als Analyseschritt bei der Auswertung qualitativer Forschungsmaterialien. In: H.-G. Soeffner (Hrsg.): Sozialstruktur und soziale Typik. Frankfurt a.M, New York: Campus. 31-81.

Gillies, Val/Edwards, Rosalind (2005): Secondary Analysis in Exploring Family and Social Change: Addressing the Issue of Context Forum Qualitative Sozialforschung / Forum: Qualitative Social Research 6 (1) Art. 44. Verfügbar über: http://nbn-resolving.de/urn:nbn:de:0114-fqs0501444. (Zugriff: 22.01.2006).

Glaser, Barney G. (1978): Theoretical Sensitivity.Advances in the Methodology of Grounded Theory. Mill Valley: Sociology Press.

Gläser, Jochen/Laudel, Grit (2000): Re-Analyse als Vergleich von Konstruktionsleistungen. Forum Qualitative Sozialforschung / Forum: Qualitative Social Research. 1 (3) Art. 25. Verfügbar über: http://nbn-resolving.de/urn:nbn:de:0114-fqs0003257 (Zugriff: 07.03.2006).

Goodwin, Charles/Duranti, Alessandro (1992): Rethinking context: an introduction. In: A. Duranti/C. Goodwin (Hrsg.): Rethinking context: Language as an Interactive Phenomenon. Cambridge: Cambridge University Press. 1-43.

Goodwin, John/O'Connor, Henrietta (2006): Contextualising the Research Process: Using Interviewer Notes in the Secondary Analysis of Qualitative Data. In: The Qualitative Report 11 (2). 374-392.

Gröschel, Roland (2000): Das Interviewarchiv „Jugend im 20. Jahrhundert" des POSOPA e.V. In: Forum Qualitative Sozialforschung / Forum Qualitative Social Research (Online-Journal). 1 (3). Art. 10. Verfügbar über: http://www.qualitative-research.net/fqs-texte/3-00/3-00groeschel-d.htm (Zugriff: 03.06.2006).

Gröschel, Roland (2000): Verein zur Förderung von Forschungen zur politischen Sozialisation und Partizipation (POSOPA e.V.). In: Forum Qualitative Sozialforschung / Forum: Qualitative Social Research. 1 (3). Art. 33. Verfügbar über: http://www.qualitative-research.net/index.php/fqs/article/view/1050 (Zugriff: 25.01.2010).

Häder, Michael (2009): Der Datenschutz in den Sozialwissenschaften. Anmerkungen zur Praxis sozialwissenschaftlicher Erhebung und Datenverarbeitung in Deutschland. In: RatSWD Working Paper Series. Working Paper No. 90. Verfügbar über: http://www.ratswd.de/download/RatSWD_WP_2009/RatSWD_WP_90.pdf (Zugriff: 08.02.2010).

Hakim, Catherine (1982): Secondary analysis in social research. A guide to data sources and methods with examples. London: George Allen & Unwin.

Hamm, Rainer/Möller, Klaus Peter (Hrsg.) (1999): Datenschutz und Forschung. Baden-Baden: Nomos.

Hammersley, Martyn (1997): Qualitative data archiving: some reflections on its prospects and problems. In: Sociology 31(1). 131-142.

Hauptmann, Stefan (2005): Das "C-TOC" zur Gliederung von Audiodaten. Ein Beispiel für die qualitative Analyse am Rohmaterial. In: Forum Qualitative Sozialforschung / Forum: Qualitative Social Research 6 (1). Art. 33. Verfügbar über: http://nbn-resolving.de/urn:nbn:de:0114-fqs0501331 (Zugriff: 08.02.2010).

Heaton, Janet (1998): Secondary analysis of qualitative data. In: Social Research Update 22. Verfügbar über: http://www.soc.surrey.ac.uk/sru/SRU22.html (Zugriff: 08.06.2006).

Heaton, Janet (2004): Reworking Qualitative Data. London: Sage.

Heinz, Walter/Heuberger, H./Wachtveitl, Erich/Witzel, Andreas (1981): Arbeitssituation und Sozialisation. Bremen: Universität Bremen.

Heinz, Walter R. (Hrsg.) (2000): Übergänge. Individualiserung, Flexibilisierung und Institutionalisierung des Lebensverlaufs. Weinheim: Juventa.

Heinz, Walter R. (2002): Self-Socialization and Post-Traditional Society. In: J. R.A. Settersten/T. J. Owen (Hrsg.): Advances in Life Course Research 7. Amsterdam: JAI. 41-64.

Heinz, Walter R./Krüger, Helga/Rettke, Ursula/Wachtveitl, Erich/Witzel, Andreas (1987): "Hauptsache eine Lehrstelle". Jugendliche vor den Hürden des Arbeitsmarkts. Weinheim: Deutscher Studien Verlag.

Heinz, Walter R./Kühn, Thomas/Witzel, Andreas (2004): A life-course perspective on work-related learning. In: M. Fischer/N. Boreham/B. Nyhan (Hrsg.): European perspectives on learning at work: The acquisition of work process knowledge Cedefop Reference Series. Luxembourg: Office for Official Publication for the European Communities. 196-215.

Heinz, Walter R./Wachtveitl, Erich/Witzel, Andreas (1986): Berufsfindung und Berufsberatung. Eine interpretative Sekundäranalyse. Abschlußbericht an die DFG, Teil 1. Verfügbar über: http://nbn-resolving.de/urn:nbn:de:gbv:46-ep000103261 (Zugriff: 08.02.2010.)

Heinz, Walter R./Wachtveitl, Erich/Witzel, Andreas (1987): Berufsfindung und Berufsberatung. Eine interpretative Sekundäranalyse. Abschlußbericht an die DFG, Teil 2. Verfügbar über: http://nbn-resolving.de/urn:nbn:de:gbv:46-ep000103279 (Zugriff: 08.02.2010).

Heinz, Walter R./Witzel, Andreas (1995): Das Verantwortlichkeitsdilemma in der Beruflichen Sozialisation. In: E. H. Hoff/L.Lappe (Hrsg.): Verantwortung im Arbeitsleben. Heidelberg: Asanger. 99-113.

Heinz, Walter R./Witzel, Andreas/Kelle, Udo/Zinn, Jens (1998): Vocational Training and Carrer Development in Germany- Results from a Longitudinal Study. In: International Journal for Behavioral Development 22 (1). 77-101.

Helfferich, Cornelia (2005): Die Qualität qualitativer Daten. Manual für die Durchführung qualitativer Interviews. Wiesbaden: VS.

Hinds, Pamela/ Vogel, Ralph/ Clark-Steffen, Laura (1997): The Possibilities and Pitfalls of Doing a Secondary Analysis of a Qualitative Data Set. In: Qualitative Health Research 7 (3). 408-424.

Hitzler, Ronald (2007): Wohin des Wegs? Ein Kommentar zu neueren Entwicklungen in der deutschsprachigen „qualitativen" Sozialforschung. In: Forum Qualitative Sozialforschung / Forum: Qualitative Social Research 8 (3). Art. 4. Verfügbar über: http://www.qualitative-research.net/fqs-texte/3-07/07-3-4-d.htm (Zugriff: 08.02.2010).

Hoffmann-Riem, Christa (1980): Die Sozialforschung einer interpretativen Soziologie. Der Datengewinn. In: Kölner Zeitschrift für Soziologie und Sozialpsychologie 32 (2). 339-372.

Hollstein, Betina/Ullrich, Carsten G. (2003): Einheit trotz Vielfalt? Zum konstitutiven Kern qualitativer Forschung. In: Soziologie 32 (4). 29-43.

Holstein, James A./ Gubrium, Jaber F. (2004): Context: Working It Up, Down, and Across. In: C. Seale/G. Gombo/J. F. Gubrium/D. Silverman (Hrsg.): Qualitative Research Practice. London: SAGE Publications. 297- 315.

Hopf, Christel (2005): Forschungsethik und qualitative Forschung. In: U. Flick/E. v. Kardorff/I. Steinke (Hrsg.): Qualitative Forschung. Ein Handbuch. Reinbek: Rowohlt. 589-600.

Hyman, Herbert H. (1972): Secondary Analysis of Sample Surveys: Principles, Procedures, and Potentialities. New York: John Wiley & Sons.

Jagodzinski, Wolfgang (2001): Der Beitrag des Zentralarchivs zu einer guten empirischen Sozialforschung. Vortrag zum 40jährigen Jubiläum des ZA auf dem Soziologiekongress 2000 der DGS zum Thema "Die gute Gesellschaft" in Köln. In: ZA-Information 48. 6-13.

James, Jaquelyn B./Sorensen, Annemette (2000): Archiving Longitudinal Data for Future Research: Why Qualitative Data Add to Study`s Usefulness. In: Forum Qualitative Sozialforschung / Forum: Qualitative Social Research 1 (3). Verfügbar über: http://www.qualitative-research.net/fqs-texte/3-00/3-00jamessorensen-e.htm (Zugriff: 07.03.2000).

Janneck, Monique (2008): Auf verschlungenen Forschungspfaden: Erfahrungen mit der Sekundärnutzung qualitativer Interviewdaten in induktiven, deduktiven und Triangulationsverfahren. In: Historical Social Research 33 (3). 94-114.

Jenkins, Henry (2001): Convergence? I Diverge. In: Technology Review 104 (5). 93.

Kaase, Max (1998): Datendokumentation und Datenzugang in bei sozialwissenschaftlichen Fachzeitschriften eingereichten Beiträgen. In: Soziologie 2. 95-96.

Käppeli, Michael (2001): Förderung von Handlungskompetenzen durch die Gestaltung gemäßigtkonstruktivistischer Lehr-Lernprozesse. Bamberg: Difo Druck GmbH.

Karhausen, Mark O. (1977): ZA-Gespräch mit Prof. Schmölders. In: ZA-Information 1. 9-11.

Klement, Carmen/Schaeper, Hildegard/Witzel, Andreas (2004): Der Erstberuf als Nadelöhr – Zur Bedeutung beruflicher Kontextbedingungen für die Teilnahme an beruflicher Weiterbildung. In: F. Behringer/A. Bolder/R. Klein/G. Reutter/A. Seiverth (Hrsg.): Diskontinuierliche Erwerbsbiographien. Zur gesellschaftlichen Konstruktion und Bearbeitung eines normalen Phänomens. Hohengehren: Schneider Verlag. 145-168.

Klingemann, Hans D./Mochmann, Ekkehard (1975): Sekundäranalyse. In: J. v. Koolwjik/M. Wieken-Mayser (Hrsg.): Techniken der Empirischen Sozialforschung: ein Lehrbuch in 8 Bänden. München: Oldenbourg Verlag. 178-194.

Kluge, Susan/Kelle, Udo (Hrsg.) (2001): Methodeninnovation in der Lebenslaufforschung- Intergration qualitativer und quantitativer Verfahren in der Lebenslauf- und Biographieforschung. Weinheim/München: Juventa.

Kluge, Susann/Opitz, Diane (1999): Die Archivierung qualitativer Interviewdaten. Forschungsethik und Datenschutz als Barrieren für Sekundäranalysen? In: Soziologie 4. 48-63.

Kluge, Susann/Opitz, Diane (2000): Die computergestützte Archivierung qualitativer Interviewdaten mit dem Datenbanksystem "QBiQ". In: Forum Qualitative Sozialforschung / Forum: Qualitative Social Research 1 (3). Verfügbar über: http://www.qualitative-research.net/fqs-texte/3-00/3-00klugeopitz-d.htm (Zugriff: 06.03.2006).

König, Hans-Dieter (1997): Berufliche "Normalbiographie" und jugendlicher Rechtsextremismus. Kritik der Heitmeyerschen Desintegrationstheorie aufgrund einer tiefenhermeneutischen Sekundäranalyse. In: Zeitschrift für Politische Psychologie 5 (3+4). 381-402.

Kuckartz, Udo (2005): Einführung in die computergestützte Analyse qualitativer Daten. Wiesbaden: VS.

Kühn, Thomas/Witzel, Andreas (2000): Der Gebrauch einer Textdatenbank im Auswertungsprozess problemzentrierter Interviews. In: Forum Qualitative Sozialforschung/Forum Qualitative Social Research 1 (3). Verfügbar über: http://www.qualitative-research.net/fqs-texte/3-00/3-00kuehnwitzel-d.htm (Zugriff: 14.02.2006).

Kühn, Thomas/Witzel, Andreas (2004): Die Arbeitskraftunternehmer-These aus berufsbiographischer Perspektive. In: H. J. Pongratz/G. G. Voß (Hrsg.): Typisch Arbeitskraftunternehmer? Befunde der empirischen Arbeitsforschung. Berlin: Ed. Sigma. 229-254.

Kuula, Arja (2000). Making Qualitative Research Material Reusable: Case in Finland. In: IASSIST Quarterly 24 (2). 14-17

Leh, Almut (2000): „Deutsches Gedächtnis" im Institut für Geschichte und Biografie der FernUniversität Hagen, Deutschland. In: Forum Qualitative Sozialforschung / Forum: Qualitative Social Research 1 (3). Art. 29. Verfügbar über:
http://www.qualitative-research.net/index.php/fqs/article/view/1046/2263 (Zugriff: 25.01.2010).

Leh, Almut (2000): Probleme der Archivierung von Oral History-Interviews. Das Beispiel des Archivs "Deutsches Gedächtnis". In: Forum Qualitative Sozialforschung / Forum: Qualitative Social Research 1 (3). Verfügbar über:
http://www.qualitative-research.net/fqs-texte/3-00/3-00leh-d.htm. (Zugriff: 06.03.2006).

Lempert, Wolfgang (2007): Theorien der beruflichen Sozialisation. In: Zeitschrift für Berufs- und Wirtschaftspädagogik (ZBW) 103 (1).12-40.

Lüders, Christian (2005): Herausforderungen qualitativer Forschung. In: U. Flick/E. v. Kardorff/I. Steinke (Hrsg.): Qualitative Forschung. Ein Handbuch. Reinbek: Rowohlt.

Manstetten, Rudolf (1978): Jugendliche in der Berufsfindung - eine sekundär-empirische Analyse. In: J. Bader/M. Dembski/B. Schurer (Hrsg.): Problemgruppen in Berufserziehung und Beruf, Teil 1. Trier: Spee-Verlag. 3-33.

Matt, Eduard (2005): Darstellung qualitativer Forschung. In: U. Flick/E. v. Kardorff/I. Steinke (Hrsg.): Qualitative Forschung. Ein Handbuch. Reinbek: Rowohlt. 578-587.

Mauthner, Natascha S./Parry, Odette/Backett-Milburn, Kathryn (1998): The data are out there, or are they? Implications for archiving and revisiting qualitative data. In: Sociology 32 (4). 733-745.

Medjedović, Irena (2007): Sekundäranalyse qualitativer Interviewdaten - Problemkreise und offene Fragen einer neuen Forschungsstrategie. In: Journal für Psychologie 15 (3). Verfügbar über: http://www.journal-fuer-psychologie.de/jfp-3-2007-6.html. (Zugriff: 08.02.2010).

Medjedović, Irena (eingereicht, voraussichtliches Erscheinen 2010a): Analyse secondaire d'entretiens. Objections et expériences à partir des résultats d'une étude empirique à l'échelle nationale. In: M. Dargentas/M. Brugidou/D. Le Roux/A. C. Salomon (Hrsg.): L'analyse secondaire en recherche qualitative : une nouvelle pratique en sciences humaines et sociales. Paris: Lavoisier. Collection: Tec & Doc.

Medjedović, Irena (eingereicht, voraussichtliches Erscheinen 2010b): Sekundäranalyse. In: G. Mey/K. Mruck (Hrsg.): Handbuch qualitative Forschung in der Psychologie (Arbeitstitel). Wiesbaden: VS.

Medjedović, Irena/Witzel, Andreas (2005): Sekundäranalyse qualitativer Interviews. Verwendung von Kodierungen der Primärstudie am Beispiel einer Untersuchung des Arbeitsprozesswissens junger Facharbeiter. In: Forum Qualitative Sozialforschung / Forum: Qualitative Social Research 6 (1) Art. 46. Verfügbar über: http://nbn-resolving.de/urn:nbn:de:0114-fqs0501462 (Zugriff: 02.03.2006).

Medjedović, Irena/Witzel, Andreas (2007): Secondary Analysis of Interviews: Using Codes and Theoretical Concepts From the Primary Study. In: Forum Qualitative Sozialforschung / Forum: Qualitative Social Research 6 (1) Art. 46. Verfügbar über:
http://nbn-resolving.de/urn:nbn:de:0114-fqs0501462 (Zugriff: 05.02.2010).

Metschke, Rainer/Wellbrock, Rita (2002): Datenschutz in Wissenschaft und Forschung. In: Materialien zum Datenschutz Nr. 28. Verfügbar über:
http://www.datenschutz-berlin.de/attachments/47/Materialien28.pdf?1166527077 (Zugriff: 08.02.2010).

Mey, Günter (2000): Erzählungen in qualitativen Interviews: Konzepte, Probleme, soziale Konstruktionen. In: Sozialer Sinn 1. 135-151.

Mey, Günter/Mruck, Katja (2007): Qualitative Research in Germany: A Short Cartography. In: International Sociology 22 (2). 138-154.

Mochmann, Ekkehard. (2002a): Die Infrastruktur der akademisch organisierten Sozialforschung. Entwicklung und Probleme. In: H. Sahner (Hrsg.): Fünfzig Jahre nach Weinheim. Empirische Markt- und Sozialforschung gestern, heute, morgen. Wissenschaftliche Jahrestagung der Arbeitsgemeinschaft Sozialwissenschaftlicher Institute e.V. (ASI) vom 25.-26. Oktober 2001, Weinheim. Baden-Baden: Nomos. 81-88.

Mochmann, Ekkehard (2002b): Some Insights into the Development of the Data Movement. In: B. Hausstein/P. de Guchteneire (Hrsg.): Social Science Data archives in Eastern Europe. Bergisch Gladbach: E. Ferger Verl.. 23-27.

Mochmann, Ekkehard (2009): e-Science Infrastructure for the Social Sciences. In: RatSWD Working Paper Series 115. Verfügbar über: http://www.ratswd.de/download/RatSWD_WP_2009/RatSWD_WP_115.pdf (Zugriff: 05.02.2010).

Moore, Niamh (2006): The Contexts of Context: Broadening Perspectives in the (Re)use of Qualitative Data. In: Methodological Innovations Online 1 (2). Verfügbar über: http://sirius.soc.plymouth.ac.uk/~andyp/viewarticle.php?id=27 (Zugriff: 1/16/2007).

Muhr, Thomas (2000): Increasing the Reusability of Qualitative Data with XML. In: Forum Qualitative Sozialforschung / Forum: Qualitative Social Research 1 (3). Verfügbar über: http://www.qualitative-research.net/fqs-texte/3-00/3-00muhr-e.htm (Zugriff: 07.03.2006).

Müller, Walter/Blien, Uwe/Knoche, Peter/Wirth, Heike (1991): Die faktische Anonymität von Mikrodaten. Stuttgart: Metzler-Poeschel.

Neue Gesellschaft für Psychologie, NGfP (2009): NGfP befürwortet die Einrichtung eines Servicezentrums für qualitative Daten. Verfügbar über: http://www.ngfp.de/2009/12/ngfp-befurwortet-die-einrichtung-eines-servicezentrums-fur-qualitative-daten/ (Zugriff:28.01.2010).

OECD (2007): Principles and Guidelines for Access to Research Data from Public Funding. Verfügbar über: http://www.oecd.org/dataoecd/9/61/38500813.pdf (Zugriff: 08.02.2010).

Opitz, Diane/Mauer, Reiner (2005): Erfahrungen mit der Sekundärnutzung von qualitativem Datenmaterial – Erste Ergebnisse einer schriftlichen Befragung im Rahmen der Machbarkeitsstudie zur Archivierung und Sekundärnutzung qualitativer Interviewdaten. In: Forum Qualitative Sozialforschung / Forum: Qualitative Social Research 6 (1). Art. 43. Verfügbar über: http://nbn-resolving.de/urn:nbn:de:0114-fqs0501431 (Zugriff: 08.06. 2005).

Opitz, Diane/Witzel, Andreas (2005): The Concept and Architecture of the Bremen Life Course Archive. In: Forum Qualitative Sozialforschung / Forum: Qualitative Social Research 6 (2). Art. 37. Verfügbar über: http://www.qualitative-research.net/fqs-texte/2-05/05-2-37-e.htm (Zugriff: 02.03.2005).

Parry, Odette/Mauthner, Natasha S. (2004): Whose Data Are They Anyway? Practical, Legal and Ethical Issues in Archiving Qualitative Research Data. In: Sociology 38 (1). 139-152.

Pätzold, Henning (2005): Sekundäranalyse von Audiodaten. Technische Verfahren zur faktischen Anonymisierung und Verfremdung. In: Forum Qualitative Sozialforschung / Forum: Qualitative Social Research. 6 (1) Art. 24. Verfügbar über: http://nbn-resolving.de/urn:nbn:de:0114-fqs0501249 (Zugriff: 08.02.2010)

Reichertz, Jo (2007): Qualitative Sozialforschung - Ansprüche, Prämissen, Probleme. In: Erwägen-Wissen- Ethik 18 (2). 195-208.

Richardson, Jane C./Godfrey, Barry S. (2003): Towards ethical practice in the use of archived trancripted interviews. In: International Journal of Social Research Methodology 6 (4). 347-355

Savage, Mike (2005): Revisiting Classic Qualitative Studies. In: Forum Qualitative Sozialforschung / Forum: Qualitative Social Research 6 (1). Art. 31. Verfügbar über: http://nbn-resolving.de/urn:nbn:de:0114-fqs0501312 (Zugriff: 22.02.2006).

Savage, Mike (2008): Changing Social Class Identities in Post-War Britain: Perspective from Mass-Observation. In: Historical Social Research 33 (3). 46-67

162

Schellinger, Uwe (2000): Das Archiv des "Instituts für Grenzgebiete der Psychologie und Psycho-hygiene e.V." in Freiburg: Prämissen, Probleme und Perspektiven. In: Forum Qualitative Sozialforschung / Forum: Qualitative Social Research 1(3). Verfügbar über: http://www.qualitative-research.net/fqs-texte/3-00/3-00schellinger-d.htm (Zugriff: 07.03.2006).

Scheuch, Erwin K. (1967): Entwicklungsrichtungen bei der Analyse sozialwissenschaftlicher Daten. In: R. König (Hrsg.): Handbuch der Empirischen Sozialforschung. Stuttgart: Ferdinand Enke Verlag. 655-685.

Schnell, Rainer/Hill, Paul B./Esser, Elke (2005): Methoden der empirischen Sozialforschung. München: Oldenbourg.

Schumann, Karl F. (Hrsg.) (2003): Delinquenz im Lebensverlauf. Bremer Längsschnittstudie zum Übergang von der Schule in den Beruf bei ehemaligen Hauptschülern. Weinheim: Juventa.

Schweizer, Robert (1986): Datenschutz: Die mit den obersten Landesbehörden getroffenen Absprachen. In: planung und analyse 31.

Shell Deutschland Holding (Hrsg.) (2006): Jugend 2006. Eine pragmatische Generation unter Druck. Frankfurt a.M.: Fischer-Taschenbuch-Verl.

Sheridan, Dorothy (2000): Reviewing Mass-Observation: The Archive and its Researchers Thirty Years on. In: Forum Qualitative Sozialforschung / Forum: Qualitative Social Research 1 (3). Verfügbar über: http://www.qualitative-research.net/fqs-texte/3-00/3-00sheridan-e.htm. (Zugriff: 07.03.2000).

Simitis, Spiros (Hrsg.) (2006): Bundesdatenschutzgesetz. Baden-Baden: Nomos.

Singer, Eleanor (2004): Confidentiality, Risk Perception, and Survey Participation. In: Chance 17 (3). 31-35.

Singer, Eleanor/Hippler, Hans-Jürgen/Schwarz, Norbert (1992): Confidentiality Assurances in Surveys: Reassurance or Threat? In: International Journal of Public Opinion Research 4 (3). 256-268.

Steinke, Ines (1999): Kriterien qualitativer Forschung. Ansätze zur Bewertung qualitativ-empirischer Sozialforschung. Weinheim: Juventa.

Stewart, David W./Kamins, Michael A. (1993): Secondary research: information sources and methods. Newbury Park: Sage.

Stiefel, Britta (2004): Blended Learning in der qualitativen Methodenausbildung. Evaluation einer Pilotveranstaltung des mobileCampus-Projekts im Sommersemester 2004 an der Universität Bremen. Diplomarbeit, Universität Bremen. Verfügbar über: http://elib.suub.uni-bremen.de/publications/ELibD1198_blendedlearning_stiefel.pdf (Zugriff: 14.03.2007).

Stiefel, Britta (2007): Der Einsatz archivierter Forschungsdaten in der qualitativen Methodenausbildung – Konzept und Evaluation eines Pilotmodells für forschungsnahes Lernen. In: Forum Qualitative Sozialforschung / Forum: Qualitative Social Research 8 (3). Art. 15. Verfügbar über: http://www.qualitative-research.net/fqs-texte/3-07/07-3-15-d.htm (Zugriff: 14.03.2007).

Strauss, Anselm L./Corbin, Juliet (1996): Grounded Theory: Grundlagen Qualitativer Sozialforschung. Weinheim: PVU.

Szabo, Vivian/Strang, Vicki R. (1997): Secondary Analysis of Qualitative Data. In: Advances in Nursing Science 20 (2). 66-74.

Temple, Bogusia/Edwards, Rosalind/Alexander, Claire (2006): Grasping at Context: Cross Language Qualitative Research as Secondary Qualitative Data Analysis. In: Forum Qualitative Sozialforschung / Forum: Qualitative Social Research 7 (4) Art. 10. Verfügbar über: http://nbn-resolving.de/urn:nbn:de:0114-fqs0604107. (Zugriff: Aug. 1, 2006).

Thompson, Paul (1998): Sharing and reshaping life stories. Problems and potential in archiving research narratives. In: M. Chamberlain/P. Thompson (Hrsg.): Narrative and Genre. London: Routledge. 167-181.

Thompson, Paul (2000): Re-using Qualitative Research Data: a Personal Account. In: Forum Qualitative Sozialforschung / Forum: Qualitative Social Research 1 (3). Verfügbar über: http://www.qualitative-research.net/fqs-texte/3-00/3-00thompson-e.htm. (Zugriff: 22.02.2006).

Thomson, Denise/Bzdel, Lana/Golden-Biddle, Karen/Reay, Trish/Estabrooks, Carole A. (2005): Central Questions of Anonymization: A Case Study of Secondary Use of Qualitative Data. In: Forum Qualitative Sozialforschung / Forum: Qualitative Social Research 6 (1). Art. 29. Verfügbar über: http://nbn-resolving.de/urn:nbn:de:0114-fqs0501297. (Zugriff: 22.02.2006).

Thorne, Sally (1994): Secondary Analysis in Qualitative Research: Issues and Implications. In: J. M. Morse (Hrsg.): Critical Issues in Qualitative Research Methods. London: Sage. 263-279.

Tinnefeld, Marie-Theres/Ehmann, Eugen (1998): Einführung in das Datenschutzrecht. München/Wien: Oldenbourg.

Tinnefeld, Marie-Theres/Ehmann, Eugen/Gerling, Rainer W. (2005): Einführung in das Datenschutzrecht. Datenschutz und Informationsfreiheit in europäischer Sicht. München: Oldenbourg.

Van den Berg, Harry (2005): Reanalyzing Qualitative Interviews From Different Angles: The Risk of Decontextualization and Other Problems of Sharing Qualitative Data. In: Forum Qualitative Sozialforschung / Forum: Qualitative Social Research 6 (1) Art. 30. Verfügbar über: http://nbn-resolving.de/urn:nbn:de:0114-fqs0501305 (Zugriff: 21.02.2006).

Van den Berg, Harry/Wetherell, Margaret/Houtkoop-Steenstra, Hanneke (2003): Analyzing Race Talk. Multidisciplinary Approaches to the Interview. Cambridge: Cambridge University Press.

Wachtveitl, Erich/Witzel, Andreas (1985): Arbeitsamtsberatung und -vermittlung in unterschiedlichen Situationen der Berufsfindung. In: M. Kaiser/R. Nuthmann/H. Stegmann (Hrsg.): Berufliche Verbleibsforschung in der Diskussion. Materialienband 1: Schulabgänger aus dem Sekundarbereich I beim Übergang in Ausbildung und Beruf. Nürnberg: Institut für Arbeitsmarkt- und Berufsforschung der Bundesanstalt für Arbeit. 35-60.

Wagner, Gert G. (1999a): Datenschutz und Forschung. In: R. Hamm/K. P. Möller (Hrsg.): Datenschutz und Forschung. Baden Baden: Nomos. 14-20.

Wagner, Gert G. (1999b): Wissenschaft schützt die Öffentlichkeit vor schlechten statistischen Ergebnissen. "Forschungsgeheimnis" würde Re-Analysen erleichtern. In: Datenschutz und Datensicherheit 23 (7). 377-383.

Wagner, Gert G. (2000): Selbstorganisation des Wissenschaftssystems würde Datenschutz vereinfachen und Re-Analysen befördern. Gesetzliches Forschungsdaten-Geheimnis könnte die Selbstorganisation unterstützen. In: ZUMA-Nachrichten 24 (47). 75-88.

Wienold, Hanns (2007): Sekundäranalyse. In: Werner Fuchs-Heinritz/O. R. Rüdiger Lautmann/H. Wienold (Hrsg.): Lexikon zur Soziologie. Wiesbaden: VS. 581-582.

Wild, Klaus Peter/Beck, Klaus (1998): Wege zu einer umfassenden Dokumentation und öffentlichen Zugänglichkeit qualitativer Forschungsdaten. In: Erziehungswissenschaft 9 (17). 5-15.

Wilson, Thomas P. (1973): Theorien der Interaktion und Modelle soziologischer Erklärung. In: Arbeitsgruppe Bielefelder Soziologen (Hrsg.): Alltagswissen, Interaktion und gesellschaftliche Wirklichkeit. Reinbek bei Hamburg: Rowohlt. 54-79.

Witzel, Andreas (1982): Verfahren der qualitativen Sozialforschung. Überblick und Alternativen. Frankfurt/New York: Campus.

Witzel, Andreas (1996): Auwertung problemzentrierter Interviews. Grundlagen und Erfahrungen. In: R. Strobl/A. Böttger (Hrsg.): Wahre Geschichten? Zur Theorie und Praxis qualitativer Interviews. Baden Baden: Nomos. 47-76.

Witzel, Andreas (2000a): „Archiv für Lebenslaufforschung", Universität Bremen. In: Forum Qualitative Sozialforschung / Forum: Qualitative Social Research. 1 (3), Art. 28. Verfügbar über: http://www.qualitative-research.net/index.php/fqs/article/view/1045/2259 (Zugriff: 25.01.2010).

Witzel, Andreas (2000b): Das problemzentrierte Interview. In: Forum Qualitative Sozialforschung / Forum Qualitative Social Research 1 (1). Verfügbar über: http://nbn-resolving.de/urn:nbn:de:0114-fqs0001228 (Zugriff: 03.04.2005).

Witzel, Andreas (2001): Prospektion und Retrospektion im Lebenslauf. Ein Konzept zur Rekonstruktion berufs- und bildungsbiographischer Orientierungen und Handlungen. In: Zeitschrift für Soziologie der Erziehung und Sozialisation (ZSE) 21 (4). 339-355.

Witzel, Andreas/Kühn, Thomas (2000): Orientierungs- und Handlungsmuster beim Übergang in das Erwerbsleben. In: Zeitschrift für Soziologie der Erziehung und Sozialisation (ZSE) 3. Beiheft. 9-29.

Witzel, Andreas/Mauer, Reiner (eingereicht, voraussichtliches Erscheinen 2010): Considérations préalables à la création d'un centre d'archives de données qualitatives. In: M. Dargentas/M. Brugidou/D. Le Roux/A. C. Salomon (Hrsg.): L'analyse secondaire en recherche qualitative: une nouvelle pratique en sciences humaines et sociales. Paris: Lavoisier. Collection: Tec & Doc.

Witzel, Andreas/Medjedović, Irena/Kretzer, Susanne (Hrsg.) (2008): Secondary Analysis of Qualitative Data / Sekundäranalyse qualitativer Daten. In: Historical Social Research 33 (3) – Focus

Zoll, Rainer (Hrsg.) (1984): "Hauptsache, ich habe meine Arbeit". Frankfurt a.M.: Suhrkamp.